MONIQUE VOS-MEULENBROEK

Bungelknuffels haken

haak ze allemaal

FORTE

Vijfde druk, juli 2014

Dit is een uitgave van
Forte Uitgevers BV
Postbus 684
3740 AP Baarn

Eindredactie: Madelein ten Broek, Utrecht
Fotografie: Gerhard Witteveen Fotografie, Apeldoorn
Illustraties: Christel Krukkert, Hengelo
Omslagontwerp: Studio Jan de Boer, Amsterdam
Ontwerp en opmaak binnenwerk: Studyo-N, 's-Hertogenbosch

ISBN 978 90 5877 323 4
NUR 474

© 2013 Forte Uitgevers BV, Baarn
Alle rechten voorbehouden. Niets uit deze uitgave mag worden verveelvoudigd, opgeslagen in een geautomatiseerd gegevensbestand, of openbaar gemaakt, in enige vorm of op enige wijze, hetzij elektronisch, mechanisch, door fotokopieën, opnamen of enige andere manier, zonder voorafgaande schriftelijke toestemming van de uitgever.

Noot van de uitgever
De meningen en adviezen die in dit boek worden gegeven zijn bedoeld als richtlijnen. De uitgever, de auteur en anderen die een bijdrage hebben geleverd zijn niet aansprakelijk voor eventuele verwondingen of andere schade als gevolg van het gebruik van dit boek.

Voor meer informatie over de boeken van Forte Uitgevers:
www.forteuitgevers.nl

Voor meer informatie over de bungelknuffels:
www.amigurumihaaksels.nl

Inhoud

3 **Voorwoord**

4 **Tips en technieken**

11 **Bungelmuis**

13 **Bungelgiraf**

17 **Bungelkoe**

21 **Bungeldraakje**

25 **Mevrouw Bij**

30 **Bungelvarken**

33 **Bungelleeuw**

37 **Bungellieveheersbeestje**

41 **Bungelschaap**

44 **Bungelrups**

BUNGELKNUFFELS

Voorwoord

Sinds een paar jaar ben ik helemaal verslaafd aan het amigurumi haken. Ik heb al veel diertjes gehaakt. Nu wilde ik afgelopen zomer voor het verjaardagsfeestje van de vriendin van mijn jongste dochter een muisje haken (zij is namelijk helemaal weg van muizenknuffels). Een leuk patroon van een muisje had ik wel, maar van deze muis (en van de meeste amigurumi's) kunnen de armen en benen niet bewegen. Een knuffel met beweegbare armen en benen vind ik leuker voor de kinderen om mee te spelen. Toen bedacht ik dat ik misschien zelf wel iets kon ontwerpen. En zo is de eerste bungelknuffel ontstaan.

Tijdens de zomervakantie heb ik verder gewerkt aan de bungelknuffels. Ik heb ze iets groter gemaakt en het hoofd en lijfje veranderd. De kinderen (mijn dochters en hun vriendjes en vriendinnetjes) vonden het erg leuk om ideeën aan te dragen en kwamen steeds kijken of hun idee al uitgewerkt was. Ook gaven ze waardevolle feedback over het soort snuitjes, staartjes en kleurgebruik bij de knuffels. Zo is een hele reeks bungelknuffels ontstaan. Mijn nichtje Kristel Cuperus vond het spannend en leuk om met alle bungelknuffels op de foto te gaan.

Heel veel plezier met het haken van deze bungelknuffels.

Monique Vos - Meulenbroek

Tips en technieken

Gebruikte materialen

De bungelknuffels in dit boekje zijn gehaakt met Schachenmayer Nomotta Catania, Phildar Coton 3 en Schachenmayer Nomotta Brazilia. De gebruikte kleurnummers staan vermeld bij elk patroon. Andere soorten katoen en wol zijn tevens geschikt. Tenzij anders vermeld, zijn de knuffels gehaakt met haaknaald 2,5 en gevuld met fiberfill of kussenvulling. Beide soorten vulling zijn uitwasbaar.

De oogjes van alle bungels (met uitzondering van de muis) zijn geborduurd. Je kunt er ook voor kiezen om veiligheidsoogjes te gebruiken. Geborduurde oogjes zijn echter het veiligst.

Het is de bedoeling dat het haakwerk zo strak wordt dat er geen gaatjes ontstaan (waardoor je de vulling kunt zien). Als er wel gaatjes ontstaan, gebruik dan een kleinere haaknaald. Heb je tijdens het haken problemen om de haaknaald in je werk te steken, dan is je haakwerk waarschijnlijk te strak. Gebruik dan een iets grotere haaknaald.

Gebruikte afkortingen

l = losse(n)
hv = halve vaste(n)
v = vaste(n)
st = stokje(s)
hst = half stokje(s)
dst = dubbel stokje(s)
3 dst = 3 dubbel stokje(s)

Toelichting beschrijving

Als er in de beschrijving staat: 2 v in elke 3e v dan betekent dit dat je in de eerste vaste 1 vaste haakt, in de tweede vaste 1 vaste haakt en in de derde vaste 2 keer 1 vaste (dus 2 v) in dezelfde vaste haakt. Zo ga je verder, dus; v, v, 2 v, v, v, 2 v, v, v, 2 v, helemaal rond totdat je het totaal aantal vasten hebt gehaakt dat achter de toer staat aangegeven.

Het begin

Je begint elk werk met een cirkel. Er zijn meerdere manieren om deze te maken. De eenvoudigste manier is het haken van een ketting van 2 lossen en dan 6 vasten in de eerste losse te haken. Het nadeel hiervan is dat er een gaatje ontstaat waardoor de vulling zichtbaar wordt. Een andere manier is de zogenaamde 'magische ring', deze ring heeft als voordeel dat je het werk zo strak kunt aantrekken als je wilt en er van een gaatje dus geen sprake meer is. De magische ring is wat lastiger te maken en vergt iets meer oefening dan een lossenketting. In mijn patronen ben ik gemakshalve uitgegaan van een lossenketting, maar ik zal de techniek van een magische ring ook uitleggen. Mocht je de magische ring willen gebruiken, begin dan elk patroon met het haken van het aantal vasten van toer 1 in de ring.

Lossen

Begin met een opzetlus (tekening 1 en 2). Sla de draad om de naald en trek deze door de lus (tekening 3 en 4). Dit is de eerste losse. Sla de draad weer om de naald en haal deze door de lus op de naald. Herhaal dit tot je het juiste aantal lossen hebt gehaakt.

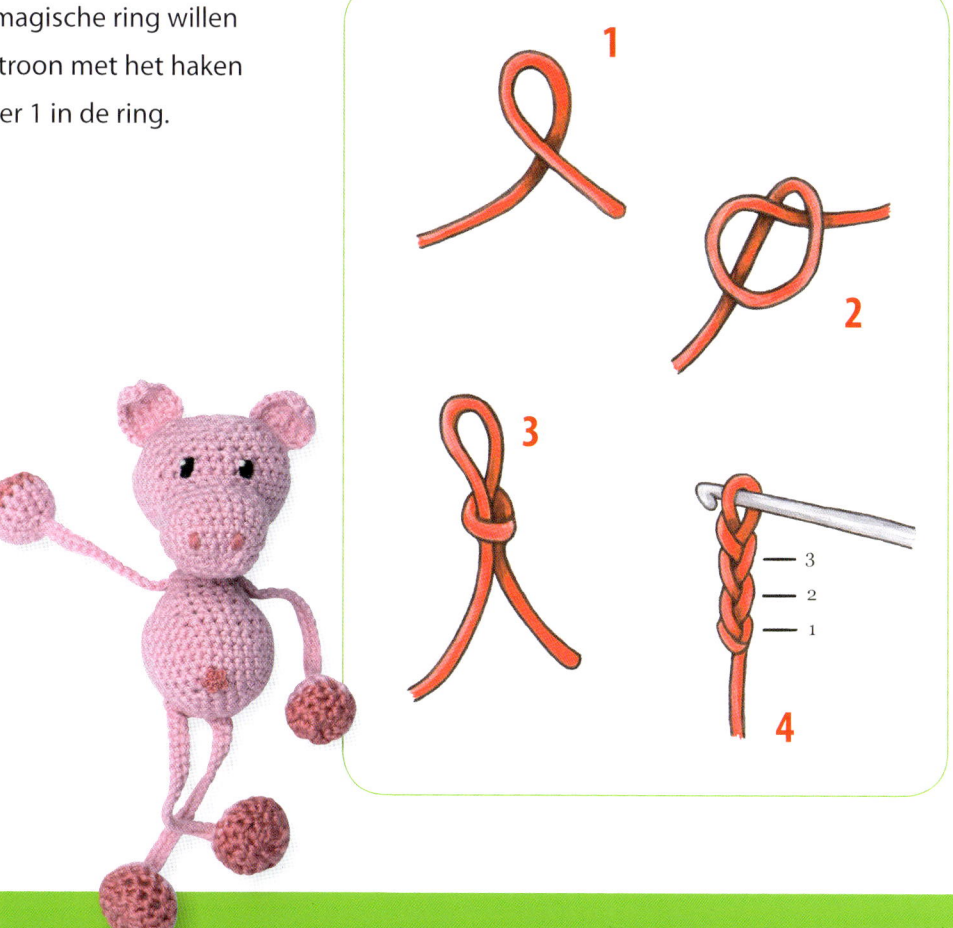

TIPS EN TECHNIEKEN

Magische ring

Maak een lus door het korte uiteinde van de draad achter de draad die aan de bol zit te leggen (tekening 5). Haal met de haaknaald de draad door de lus (tekening 6). Sla de draad om de naald en haal deze door de lus op de naald (tekening 7). Nu kun je beginnen met het haken van vasten in de ring. Als je het juiste aantal vasten hebt gehaakt, trek je aan het uiteinde van de draad tot je een dichte cirkel van vasten hebt.

Halve vasten

Er staat al een lusje op je haaknaald. Steek je haaknaald door een steek. Sla de draad om je naald en haal de draad in één keer door de steek en door het lusje op je naald.

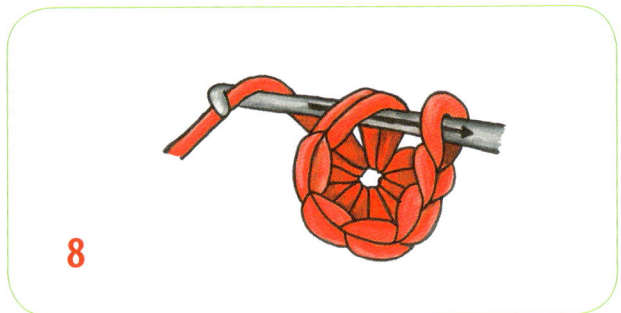

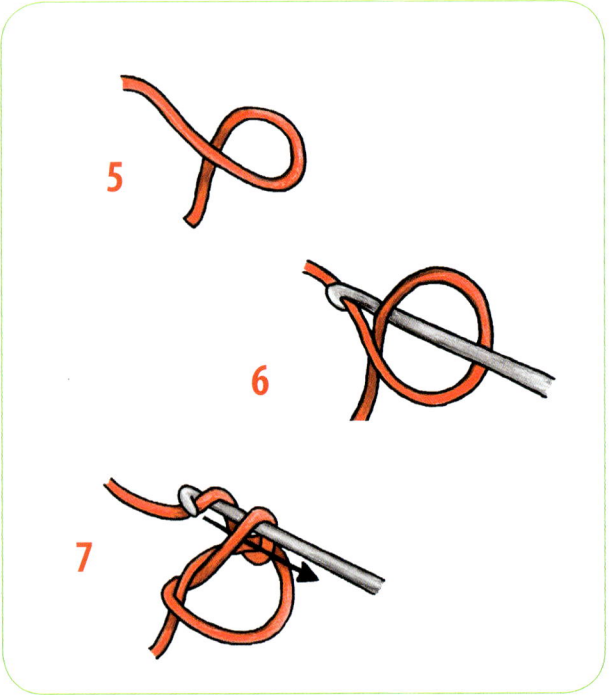

Vasten

Er staat al een lusje op je haaknaald. Steek je haaknaald in de vaste van de vorige toer (of in de eerste losse van de ketting). Sla de draad om je naald en haal de draad door de vaste van de vorige toer. Je hebt nu 2 lussen op je haaknaald. Sla de draad nogmaals om de naald en haal deze nu door beide lussen op de naald (tekening 9). Herhaal dit vanaf het begin tot je het juiste aantal vasten hebt gehaakt.

De knuffels in dit boek worden allemaal spiraalsgewijs gehaakt, dat wil zeggen dat een toer niet wordt afgesloten met 1 halve vaste, maar dat er wordt door gehaakt. Het is daarom handig om het begin van de toer te merken met een gekleurd draadje of een paperclip.

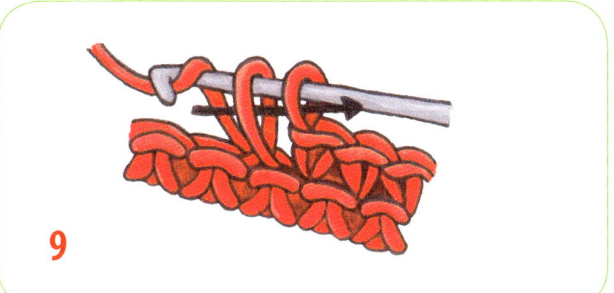

9

Vasten meerderen

Om te meerderen, haak je 2 vasten in 1 vaste van de vorige toer. In mijn patronen worden de meerderingen aangegeven op de volgende manier: 2 v in elke 3e v. Dit betekent dat in elke derde vaste van de volgende naald 2 vasten moeten worden gehaakt, dus: 2 vasten haken, 2 vasten in de volgende vaste, 2 vasten haken enzovoort.

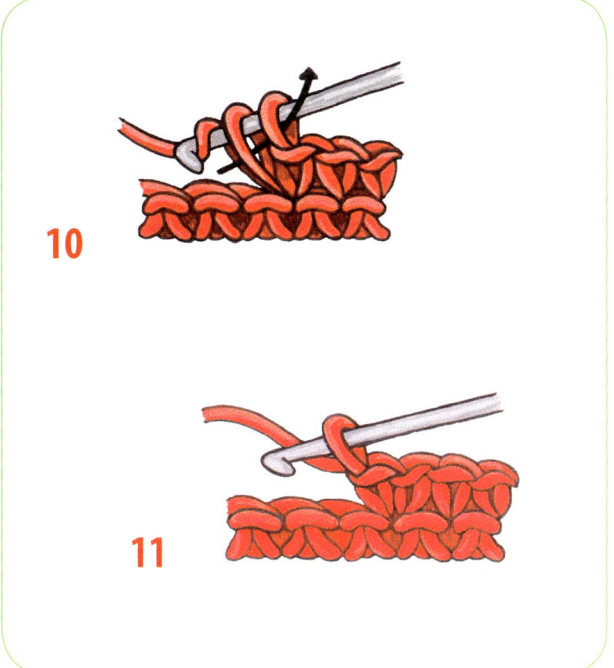

10

11

Vasten minderen

Om te minderen, haak je 2 vasten als volgt samen: steek de haaknaald alleen in de voorste lus van de volgende vaste, sla de draad om de naald en haal de draad door de eerste lus op de naald. Steek de naald in de voorste lus van de volgende steek, sla de draad om de naald en haal deze door alle drie de lussen op de naald (tekening 12 en 13). Als je bij het minderen gaten in je haakwerk krijgt en je hebt toch de steek goed gehaakt, dan kun je proberen om tijdens het haken van de vaste na de geminderde steek, de draad strak aan te trekken (voordat je "sla de draad nogmaals om de naald en haal deze nu door beide lussen op de naald" haakt).

Stokjes

Sla de draad om de naald en haal de naald door de eerstvolgende steek. Sla de draad nogmaals om de naald en haal de draad door de steek op de naald. Je hebt nu 3 lussen op de naald. Sla de draad weer om de naald en haal deze door de eerste 2 lussen op de naald (tekening 14). Sla de draad weer om de naald en haal deze door de laatste 2 lussen op de naald (tekening 15).

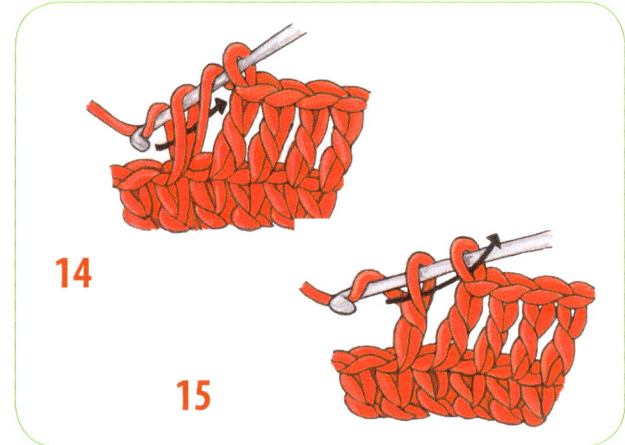

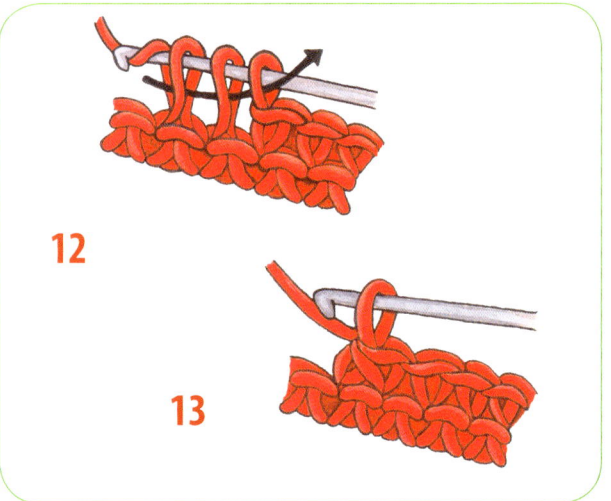

Half stokje

Sla de draad om de naald en haal de naald door de eerstvolgende steek. Sla de draad nogmaals om de naald en haal de draad door alle 3 de lusjes die op je naald staan.

Dubbele stokjes

Sla de draad 2 keer om de naald en haal de naald door de eerstvolgende steek. Sla de draad om de naald en haal de draad door de eerste steek op de naald. Je hebt nu 4 lussen op de naald. *Sla de draad weer om de naald en haal de draad door de eerste 2 lussen op de naald*. Herhaal dit (*) 2 keer. Voor een **driedubbel** stokje start je met de draad 3 keer om de naald.

Kleur wisselen

Als je wilt wisselen van kleur, haak dan de steek vóór de kleurwisseling tot het punt waarop je 2 lussen op de naald hebt. Knip de eerste kleur af en sla de nieuwe draad over de naald. Maak de steek af in de nieuwe kleur.

Afhechten, opvullen en dichtmaken

Om de draad af te hechten, knip je deze op ongeveer 10 cm van het werk af. Haal de draad door de laatste lus en trek aan. De losse draden aan de binnenkant van je werk kun je laten zitten. Vul je werk stevig op. Voor de kleine delen kun je de achterkant van een potlood gebruiken. Haal de draad waarmee je af gaat hechten door een stopnaald. Haal de draad door de voorste lussen van de overgebleven steken en trek hiermee het overgebleven gat dicht. Steek de naald met de draad nu enkele keren dwars door het werk, zodat de draad zich goed in de vulling vasthecht. Knip de draad af.

Snuitjes haken

Bij het haken van de snuitjes van de giraf, de koe, de draak, de leeuw, het schaap en het varken, begin je anders dan gebruikelijk. Je begint hier met een lossenketting, waar je vervolgens omheen haakt. Je haakt in eerste instantie terug over de lossenketting en aangekomen bij het begin van de ketting, ga je verder aan de onderkant van de ketting. Uiteindelijk krijg je dan een ovaal van waaruit je verder haakt.

TIPS EN TECHNIEKEN

Oren omhaken

Bij het haken van de oren van de giraf, de koe, de draak en het varken, haak je eerst de oren zoals beschreven. Stop daarna de draden in. Hecht vervolgens een nieuwe draad (van dezelfde kleur) aan en haak met vasten om de 'driehoek' van het oor (de onderkant NIET). Haak op de punt van het oor 3 v in 1 steek om een mooie punt te krijgen. Hieronder is het linkeroor niet omgehaakt, het rechter wel (hier met een andere kleur om duidelijk het verschil aan te geven).

Bungelmuis

De vriendin van mijn jongste dochter is helemaal verzot op muizenknuffels. Voor haar verjaardag wilde ik dan ook een muisje haken. Toen bedacht ik dat ik misschien zelf een muisje zou kunnen ontwerpen, met bungelarmen en bungelbenen. Nadat de muis veranderd was in een echte meisjesmuis, was het een geweldig cadeau waarmee de vriendin erg blij was.

Benodigd materiaal

- 25 gram grijs katoen (Phildar Coton 3 nr. 8)
- restje aqua blauw katoen (Catania nr. 146 of Phildar Coton 3 nr. 41)
- restje zwart katoen (Catania nr. 110 of Phildar Coton 3 nr. 67)
- haaknaald 2,5
- vulling: kussenvulling of fiberfill
- veiligheidsoogjes 6 mm
- klein stukje zwart vilt
- zwart naaigaren
- klein kraaltje
- stopnaald
- naainaald

Zittend is de muis ongeveer 10 cm hoog.
De muis wordt gehaakt met haaknaald 2,5.

Hoofd

Haak met grijs een ketting van 2 l. Toer 1: 5 v in 1e l (5 v). Toer 2: 2 v in elke v (10 v). Toer 3: v in elke v (10 v). Toer 4: 2 v in elke 2e v (15 v). Toer 5: v in elke v (15 v). Toer 6: 2 v in elke 3e v (20 v). Toer 7: 2 v in elke 4e v (25 v). Toer 8: 2 v in elke 5e v (30 v). Toer 9 en 10: v in elke v (30 v). Toer 11: haak elke 5e en 6e v samen (25 v). Bevestig de veiligheidsoogjes van toer 6 op 7 met 5 steken tussenruimte. Borduur het neusje met zwart of gebruik een stukje vilt voor het neusje. Borduur daarna met zwart het mondje. Toer 12: v in elke v (25 v). Toer 13: haak elke 4e en 5e v samen (20 v). Toer 14: v in elke v (20 v). Toer 15: haak elke 3e en 4e v samen (15 v). Vul het hoofdje op. Toer 16: haak elke 2e en 3e v samen (10 v). Toer 17: haak elke 1e en 2e v samen (5 v). Hecht af.

Lijfje

Haak met grijs een ketting van 2 l. Toer 1: 6 v in 1e l (6 v). Toer 2: 2 v in elke v (12 v). Toer 3: 2 v in elke 2e v (18 v). Toer 4: v in elke v (18 v). Toer 5: 2 v in elke 3e v (24 v). Toer 6 en 7: v in elke v (24 v). Toer 8: v in elke v, maar haak deze toer alleen in de binnenste lussen (aan de kant waar de vulling komt) (24 v). Toer 9: v in elke v (24 v). Toer 10: haak elke 3e en 4e v samen (18 v). Toer 11: v in elke v (18 v). Toer 12: haak elke 2e en 3e v samen (12 v). Toer 13: v in elke v (12 v). Toer 14: 4 v, haak 2 v samen, 4 v, haak 2 v samen (10 v). Hecht af. Vul het lijfje op en naai het aan het hoofdje.

Rokje
Ga verder met aqua blauw.
Toer 1: haak in de buitenste lussen van toer 8 van het lijfje: v in elke v (24 v). Toer 2: 1 st in elke v (24 st). Toer 3: 2 v in elke 3e v (32 v), sluit de toer met 1 hv. Toer 4: 4 l, 1 v overslaan, 1 hv, *4 l, 1 v overslaan, 1 hv*. Herhaal dit (*) rondom. Hecht af.

Oren (2x)
Haak met grijs een ketting van 2 l. Toer 1: 5 v in 1e l (5 v). Toer 2: 2 v in elke v (10 v). Toer 3: 2 v in elke 2e v (15 v). Toer 4: 2 v in elke 3e v (20 v). Hecht af. Naai de oren aan het hoofd van toer 11 op 12 met 6 steken tussen de oren.

Bloem
Haak met aqua blauw een ketting van 4 l. 1 hv in de 1e l (aan het begin van je lossenketting, bij het knoopje). Dit is je eerste bloemblaadje. Haak vervolgens: *3 l, 1 hv in de 1e l (aan het begin van je lossenketting)*. Herhaal dit (*) totdat je in totaal 5 bloemblaadjes hebt. Hecht af en naai de bloem bij een oor. Naai eventueel eerst nog een mooi kraaltje als 'hartje' in de bloem.

Armpjes (2x)
Haak met grijs een ketting van 17 l (haak niet te strak). Toer 1: 4 v in 1e l (4 v). Toer 2: 2 v in elke v (8 v). Toer 3 en 4: v in elke v (8 v). Toer 5: haak elke 1e en 2e v samen (4 v). Hecht af (de handjes worden niet gevuld). Naai de armpjes aan het lijfje.

Benen (2x)
Haak met grijs een ketting van 23 l (haak niet te strak). Haak v terug over de lossenketting. Begin in de 2e l vanaf de haaknaald (22 v). Toer 1: 5 v in

laatste l van de ketting (5 v). Toer 2: 2 v in elke v (10 v). Toer 3 en 4: v in elke v (10 v). Toer 5: haak elke 1e en 2e v samen (5 v). Hecht af (de voetjes worden niet gevuld). Naai de benen aan de onderkant van het lijfje.

Staartje

Haak met grijs een ketting van 14 l (haak niet te strak). Hecht af en naai het staartje aan het lijfje.

Das

Haak met aqua blauw een ketting van 50 l (haak niet te strak). Hecht af. Maak aan beide uiteinden een knoopje 'tegen' het haakwerk aan. Knip de draad kort af bij de knoopjes.

Bungelgiraf

Nadat het me gelukt was een bungelmuisje te haken, wilde ik nog een bungel ontwerpen. Ik vond de muis eigenlijk iets te klein, dus de nieuwe bungel moest wat groter worden. Giraffen vind ik erg leuk, dus het idee was er. Ik ben tevreden met hoe de bungelgiraf geworden is. Hopelijk vinden jullie het net zo leuk om deze giraf te haken als ik.

Benodigd materiaal

- 25 gram geel katoen (Catania nr. 208 of Phildar Coton 3 nr. 45)
- restje zwart katoen (Catania nr. 110 of Phildar Coton 3 nr. 67)
- restje donkerbruin katoen (Catania nr. 162 of Phildar Coton 3 nr. 47)
- restje goudkleurig katoen (Catania nr. 249)
- restje gebroken wit katoen (Catania nr. 105 of Phildar Coton 3 nr. 49)
- haaknaald 2,5 en 2,0
- vulling: kussenvulling of fiberfill
- stopnaald

Zittend is de giraf ongeveer 12 cm hoog. De giraf wordt gehaakt met haaknaald 2,5, tenzij anders aangegeven.

Lijf en hoofd

Je begint aan de onderkant van het lijf. Begin met geel en haak een ketting van 2 l. Toer 1: 6 v in 1e l (6 v). Toer 2: 2 v in elke v (12 v). Toer 3: 2 v in elke 2e v (18 v). Toer 4: v in elke v (18 v). Toer 5: 2 v in elke 3e v (24 v). Toer 6: 2 v in elke 4e v (30 v). Toer 7 t/m 10: v in elke v (30 v). Toer 11: haak elke 4e en 5e v samen (24 v). Toer 12: v in elke v (24 v). Toer 13: haak elke 3e en 4e v samen (18 v). Toer 14: v in elke v (18 v). Vul het lijfje op. Toer 15: haak elke 2e en 3e v samen (12 v). Toer 16 en 17: v in elke v (12 v). Toer 18: *haak 1e en 2e v samen, 4 v*. Herhaal dit (*) 1x (10 v). Toer 19: *3 v, haak 4e en 5e v samen*. Herhaal dit (*) 1x (8 v). Toer 20: 2 v in elke 2e v (12 v). Toer 21: 2 v in elke 2e v (18 v). Toer 22: 2 v in elke 3e v (24 v). Toer 23: 2 v in elke 4e v (30 v). Toer 24: 2 v in elke 5e v (36 v). Vul het nekje stevig op. Toer 25: 2 v in elke 6e v (42 v). Toer 26 en 27: v in elke v (42 v). Toer 28: haak elke 6e en 7e v samen (36 v). Toer 29: v in elke v (36 v). Toer 30: haak elke 5e en 6e v samen (30 v). Toer 31: v in elke v (30 v). Toer 32: haak elke 4e en 5e v samen (24 v). Toer 33: haak elke 3e en 4e v samen (18 v). Toer 34: haak elke 2e en 3e v samen (12 v). Vul het hoofd op. Toer 35: haak elke 1e en

2e v samen (6 v). Hecht af en maak met de draad de zichtbare gaten dicht.

Snuit

Haak met goud een ketting van 5 l. Toer 1: haak als volgt rondom de lossenketting: v in 2e l vanaf de haaknaald, v in volgende v, v in volgende v, 3 v in volgende v (dit haak je in de eerste losse van de ketting). Haak verder aan de onderkant van de ketting: v in volgende v, v in volgende v, 2 v in volgende v (10 v). Je hebt nu een ovaal gehaakt.
Toer 2: 2 v in elke 2e v (15 v). Toer 3: 2 v in elke 3e v (20 v). Toer 4: v in elke v (20 v). Toer 5: 2 v in elke 4e v (25 v). Toer 6 t/m 8: v in elke v (25 v). Hecht af. Borduur met zwart de neusgaten op de snuit. Borduur de neusgaten van toer 3 naar 4, met 3 steken tussen de neusgaten in. Vul vervolgens de snuit op en naai hem aan het hoofd.

Oren (2x)

Haak met geel een ketting van 5 l. Haak v terug over de lossenketting. Begin in de 2e l vanaf de haaknaald (4 v). Haak 1 l en keer het haakwerk om. Haak 1 v, 2 v in volgende v, 1 v, 1 v (5 v). Haak 1 l en keer het haakwerk om en haak in elke v een v (5 v). Haak 1 l en keer het haakwerk om. Haak 1 v, 1 v, 2 v samen, 1 v (4 v). Haak 1 l en keer het haakwerk om. Haak 1 v, 2 v samen, 1 v (3 v). Haak 1 l en keer het haakwerk om. Haak 1 v, 2 v samen (2 v). Haak 1 l en keer het haakwerk om. Haak 2 v samen. Hecht af en stop de draad in. Haak vervolgens 'de driehoek' van het oor helemaal om met vasten (zie uitleg voor in het boek). Naai de oren (iets in u-vorm gevouwen aan de onderkant) aan de bovenkant van het hoofd, met 8 steken tussen de oren.

Armpjes (2x)

Haak met geel een ketting van 18 l (haak niet te strak). Haak v terug over de lossenketting. Begin in de 2e l vanaf de haaknaald (17 v). Toer 1: 5 v in laatste l van de ketting (5 v). Toer 2: 2 v in elke v (10 v). Toer 3: 2 v in elke 2e v (15 v). Toer 4: v in elke v (15 v). Ga verder met goud. Toer 5: v in elke v (15 v). Toer 6: haak elke 2e en 3e v samen (10 v). Vul het handje licht op. Toer 7: v in elke v (10 v). Toer 8: haak elke 1e en 2e v samen (5 v). Hecht af. Naai de armpjes aan de zijkanten van het lijfje.

Benen (2x)

Haak met geel een ketting van 24 l (haak niet te

strak). Haak v terug over de lossenketting. Begin in de 2e l vanaf de haaknaald (23 v). Toer 1: 6 v in laatste l van de ketting (6 v). Toer 2: 2 v in elke v (12 v). Toer 3: 2 v in elke 2e v (18 v). Toer 4: v in elke v (18 v). Ga verder met goud. Toer 5: v in elke v (18 v). Toer 6: haak elke 2e en 3e v samen (12 v). Vul het voetje licht op. Toer 7: v in elke v (12 v). Toer 8: haak elke 1e en 2e v samen (6 v). Hecht af. Naai de beentjes aan de onderkant van het lijfje.

Staartje

Haak met geel een ketting van 7 l (haak niet te strak). Haak v terug over de lossenketting. Begin in de 2e l vanaf de haaknaald (6 v). Hecht af en stop de draad in. Knip vervolgens 2 draden donkerbruin katoen. Vouw de draden dubbel en haal de lus door het uiteinde van de staart. Haal vervolgens de draaduiteinden door de lus en trek aan. De staart heeft nu een 'pluimpje'. Naai het staartje aan het lijfje.

Hoorntjes (2x) (haaknaald 2)

Haak de hoorntjes met haaknaald 2. Haak met donkerbruin een ketting van 2 l. Toer 1: 4 v in 1e l (4 v). Toer 2: 2 v in elke v (8 v). Toer 3: *v in v, v in v, 2 v in volgende v*. Herhaal dit (*) 1x en eindig met 2 v (10 v). Toer 4: v in elke v (10 v). Toer 5: *v in v, v in v, haak 2 v samen*. Herhaal dit (*) 1x en eindig met 2 v (8 v). Toer 6: haak elke 1e en 2e v samen (4 v). Toer 7 en 8: v in elke v (4 v). Hecht af en naai de hoorntjes op het hoofd tussen de oren met 2 steken tussenruimte.

Grote stip (1x)

Haak met donkerbruin een ketting van 2 l. Toer 1: 6 v in 1e l (6 v). Toer 2: 2 v in elke v (12 v) en sluit de toer met een hv (zodat je een mooi rondje krijgt). Hecht af en naai de stip op de achterkant van het lijfje.

Kleine stip (4x)

Haak met donkerbruin een ketting van 2 l. Toer 1: 6 v in 1e l (6 v) en sluit de toer met een hv (zodat je een mooi rondje krijgt). Hecht af en naai de stippen verspreid op het lijfje.

Ogen

Borduur de ogen (over 2 steken hoogte) met zwart tegen de snuit aan met 3 steken ruimte tussen de ogen. Borduur met gebroken wit een stip in elk oog.

Bungelkoe

Koeien vind ik helemaal super! Ik bedoel dan niet de echte, maar koeienknuffels. Vandaar dat ik ook mijn eigen knuffelkoe wilde ontwerpen. Na de giraf moest dit toch ook wel lukken, dacht ik.

Benodigd materiaal

- 25 gram gebroken wit katoen (Catania nr. 105 of Phildar Coton 3 nr. 49)
- restje zwart katoen (Catania nr. 110 of Phildar Coton 3 nr. 67)
- restje donkerbruin katoen (Catania nr. 162 of Phildar Coton 3 nr. 47)
- restje goudkleurig katoen (Catania nr. 249)
- restje lichtgeel katoen (Phildar Coton 3 nr. 2)
- restje roze katoen (Catania nr. 222 of Phildar Coton 3 nr. 68)
- restje fuchsia katoen (Catania nr. 251 of Phildar Coton 3 nr. 36)
- haaknaald 2,5
- vulling: kussenvulling of fiberfill
- stopnaald

Zittend is de koe ongeveer 12 cm hoog.

De koe wordt gehaakt met haaknaald 2,5.

Lijf en hoofd

Je begint aan de onderkant van het lijf. Begin met gebroken wit en haak een ketting van 2 l. Toer 1: 6 v in 1e l (6 v). Toer 2: 2 v in elke v (12 v). Toer 3: 2 v in elke 2e v (18 v). Toer 4: v in elke v (18 v). Toer 5: 2 v in elke 3e v (24 v). Toer 6: 2 v in elke 4e v (30 v). Toer 7 t/m 10: v in elke v (30 v). Toer 11: haak elke 4e en 5e v samen (24 v). Toer 12: v in elke v (24 v). Toer 13: haak elke 3e en 4e v samen (18 v). Toer 14: v in elke v (18 v). Vul het lijfje op. Toer 15: haak elke 2e en 3e v samen (12 v). Toer 16: v in elke v (12 v). Toer 17: haak elke 2e en 3e v samen (8 v). Toer 18: v in elke v (8 v). Toer 19: 2 v in elke 2e v (12 v). Toer 20: 2 v in elke 2e v (18 v). Toer 21: 2 v in elke 3e v (24 v). Toer 22: 2 v in elke 4e v (30 v). Toer 23: 2 v in elke 5e v (36 v). Vul het nekje stevig op. Toer 24: 2 v in elke 6e v (42 v). Toer 25 en 26: v in elke v (42 v). Toer 27: haak elke 6e en 7e v samen (36 v). Toer 28: v in elke v (36 v). Toer 29: haak elke 5e en 6e v samen (30 v). Toer 30: v in elke v (30 v). Toer 31: haak elke 4e en 5e v samen (24 v). Toer 32: haak elke 3e en 4e v samen (18 v). Toer 33: haak elke 2e en 3e v samen (12 v). Vul het hoofd op. Toer 34: haak elke 1e en 2e v samen (6 v). Hecht af en maak met de draad de zichtbare gaten dicht.

Snuit

Haak met roze een ketting van 5 l. Toer 1: haak als volgt rondom de lossenketting: v in 2e l vanaf de haaknaald, v in volgende v, v in volgende v, 3 v in volgende v (dit haak je in de eerste l van de ketting). Haak verder aan de onderkant van de ketting: v in volgende v, v in volgende v, 2 v in volgende v (10 v). Je hebt nu een ovaal gehaakt. Toer 2: 2 v in elke 2e v (15 v). Toer 3: 2 v in elke 3e v (20 v). Toer 4: v in elke v (20 v). Toer 5: 2 v in elke 4e v (25 v). Toer 6 en 7: v in elke v (25 v). Hecht af. Borduur met fuchsia de neusgaten op de snuit. Borduur de neusgaten van toer 2 naar 3, met 3 steken tussen de neusgaten in. Vul de snuit vervolgens op en naai hem aan het hoofd.

Oren (2x)

Haak met gebroken wit een ketting van 6 l (haak het andere oor met goud). Haak v terug over de lossenketting. Begin in de 2e l vanaf de haaknaald (5 v). Haak 1 l en keer het haakwerk om. Haak in elke v een v (5 v). Haak 1 l en keer het haakwerk om. Haak weer in elke v een v (5 v). Haak 1 l en keer het haakwerk om. Haak 1 v, 1 v, 2 v samen, 1 v (4 v). Haak 1 l en keer het haakwerk om. Haak 1 v,

2 v samen, 1 v (3 v). Haak 1 l en keer het haakwerk om. Haak 1 v, 2 v samen (2 v). Haak 1 l en keer het haakwerk om. Haak 2 v samen. Hecht af en stop de draad in. Haak vervolgens 'de driehoek' van het oor helemaal om met vasten (zie uitleg voor in het boek). Vouw de oren aan de onderkant dubbel en zet ze zo vast op de bovenkant van het hoofd, met 8 steken tussenruimte.

Armpjes (2x)
Haak met gebroken wit een ketting van 18 l (haak niet te strak). Haak v terug over de lossenketting. Begin in de 2e l vanaf de haaknaald (17 v). Toer 1: 5 v in laatste l van de ketting (5 v). Toer 2: 2 v in elke v (10 v). Toer 3: 2 v in elke 2e v (15 v). Toer 4: v in elke v (15 v). Ga verder met donkerbruin. Toer 5: v in elke v (15 v). Toer 6: haak elke 2e en 3e v samen (10 v). Vul het handje licht op. Toer 7: v in elke v (10 v). Toer 8: haak elke 1e en 2e v samen (5 v). Hecht af. Naai de armpjes aan de zijkanten van het lijfje.

Benen (2x)
Haak met gebroken wit een ketting van 24 l (haak niet te strak). Haak v terug over de lossenketting. Begin in de 2e l vanaf de haaknaald (23 v). Toer 1: 6 v in laatste l van de ketting (6 v). Toer 2: 2 v in elke v (12 v). Toer 3: 2 v in elke 2e v (18 v). Toer 4: v in elke v (18 v). Ga verder met donkerbruin. Toer 5: v in elke v (18 v). Toer 6: haak elke 2e en 3e v samen (12 v). Vul het voetje licht op. Toer 7: v in elke v (12 v). Toer 8: haak elke 1e en 2e v samen (6 v). Hecht af. Naai de beentjes aan de onderkant van het lijfje.

Staartje
Haak met gebroken wit een ketting van 7 l (haak niet te strak). Haak v terug over de lossenketting. Begin in de 2e l vanaf de haaknaald (6 v). Hecht af en stop de draad in. Knip vervolgens 2 draden goud katoen. Vouw de draden dubbel en haal de lus door het uiteinde van de staart. Haal vervolgens de draaduiteinden door de lus en trek aan. De staart heeft nu een 'pluimpje'. Naai het staartje aan het lijfje.

Hoorntjes (2x)

Haak met lichtgeel een ketting van 2 l. Toer 1: 6 v in 1e l (6 v). Toer 2 en 3: v in elke v (6 v). Hecht af en naai de hoorntjes op het hoofd tussen de oren met 2 steken ruimte tussen de hoorntjes.

Vlek (1x)

Haak met goud een ketting van 2 l. Toer 1: 6 v in 1e l (6 v). Toer 2: v en dst in 1e v, dst en st in 2e v, 2 v in 3e v, 2 v in 4e v, v in 5e v, hv in 6e v. Hecht af en naai de vlek op de buik van de koe.

Vlek (1x)

Haak met goud een ketting van 2 l. Toer 1: 6 v in 1e l (6 v). Toer 2: 2 v in 1e v, 2 v in 2e v, 2 v in 3e v, v en st in 4e v, 2 st in 5e v, st en v in 6e v. Sluit de toer met een hv en hecht af. Borduur met zwart een oog (over 2 steken hoogte) op de vlek en naai de vlek vervolgens op het gezicht tegen de snuit aan.

Vlek (1x)

Haak met goud een ketting van 4 l. Toer 1: haak rondom de lossenketting als volgt: v in 2e l vanaf de haaknaald, v in volgende v, 3 v in volgende v, v in volgende v, 2 v in volgende v (8 v). Je hebt nu een ovaal gehaakt. Toer 2: v in 1e v, v in 2e v, v en st in 3e v, dst en st in 4e v, st en v in 5e v, v in 6e v, hv in 7e v. In de laatste v haak je niets. Hecht af en naai de vlek op de rug van de koe.

Ogen

Borduur met zwart een oog (over 2 steken hoogte) op het hoofdje. Borduur dit oog 1 steek boven de snuit, met 5 steken ruimte tussen de ogen. Borduur met gebroken wit een stip in elk oog.

Bungeldraakje

Er zijn voor het amigurumi haken leuke patroontjes te verkrijgen van draken. Mijn eigen draak kan dan natuurlijk niet ontbreken. Om de draak wat meer kleur te geven, heb ik gekleurde bulten gehaakt. Als je dat niet leuk vindt, kun je ze natuurlijk ook in één kleur maken. Ik heb ook vleugels ontworpen, maar ik vond mijn draak leuker zonder.

Benodigd materiaal

- 50 gram groen katoen (Catania nr. 241)
- restje aqua blauw katoen (Catania nr. 146 of Phildar Coton 3 nr. 41)
- restje lichtpaars katoen (Catania nr. 226 of Phildar Coton 3 nr. 4)
- restje donkerpaars katoen (Phildar Coton 3 nr. 38)
- restje rood katoen (Catania nr. 115 of Phildar Coton 3 nr. 50)
- restje oranje katoen (Catania nr. 189)
- restje lichtblauw katoen (Phildar Coton 3 nr. 39)
- restje lichtgeel katoen (Phildar Coton 3 nr. 2)
- restje roze katoen (Catania nr. 222 of Phildar Coton 3 nr. 68)
- restje fuchsia katoen (Catania nr. 251 of Phildar Coton 3 nr. 36)

- restje zwart katoen (Catania nr. 110 of Phildar Coton 3 nr. 67)
- restje gebroken wit katoen (Catania nr. 105 of Phildar Coton 3 nr. 49)
- haaknaald 2,5
- vulling: kussenvulling of fiberfill
- stopnaald

Zittend is de draak ongeveer 12 cm hoog. De draak wordt gehaakt met haaknaald 2,5.

Lijf en hoofd

Je begint aan de onderkant van het lijf. Begin met groen en haak een ketting van 2 l. Toer 1: 6 v in 1e l (6 v). Toer 2: 2 v in elke v (12 v). Toer 3: 2 v in elke 2e v (18 v). Toer 4: v in elke v (18 v). Toer 5: 2 v in elke 3e v (24 v). Toer 6: 2 v in elke 4e v (30 v). Toer 7 t/m 10: v in elke v (30 v). Toer 11: haak elke 4e en 5e v samen (24 v). Toer 12: v in elke v (24 v). Toer 13: haak elke 3e en 4e v samen (18 v). Toer 14: v in elke v (18 v). Vul het lijfje op. Toer 15: haak elke 2e en 3e v samen (12 v). Toer 16: v in elke v (12 v). Toer 17: Haak *1e en 2e v samen, 4 v*. Herhaal dit (*) 1x (10 v). Vul het lijfje verder op. Toer 18: Haak *3 v, 4e en 5e v samen*. Herhaal dit (*) 1x (8 v). Toer 19: 2 v in elke 2e v (12 v). Toer 20: 2 v in elke 2e v (18 v). Toer 21: 2 v in elke 3e v (24 v). Toer 22: 2 v in elke 4e v (30 v). Toer 23: 2 v in elke 5e v (36 v). Vul het nekje stevig op. Toer 24: 2 v in elke 6e v (42 v). Toer 25 en 26: v in elke v (42 v). Toer 27: haak elke 6e en 7e v samen (36 v). Toer 28: v in elke v (36 v). Toer 29: haak elke 5e en 6e v samen (30 v). Toer 30: v in elke v (30 v). Toer 31: haak elke 4e en 5e v samen (24 v). Toer 32: haak elke 3e en 4e v samen (18 v). Toer 33: haak elke 2e en 3e v samen (12 v). Vul het hoofd op. Toer 34: haak elke 1e en 2e v samen (6 v). Hecht af en maak met de draad de zichtbare gaten dicht.

Snuit

Haak met groen een ketting van 5 l. Toer 1: haak als volgt rondom de lossenketting: v in 2e l vanaf de haaknaald, v in volgende v, v in volgende v, 3 v in volgende v (haak dit in de eerste l van de ketting). Haak verder aan de onderkant van de ketting: v in volgende v, v in volgende v, 2 v in volgende v (10 v). Je hebt nu een ovaal gehaakt. Toer 2: 2 v in eerste v, v in elke v (2x), 2 v in v (3x), v in elke v (2x), 2 v in elke v (2x) (16 v). Toer 3: v in eerste v, 2 v in v, v in elke v (2x), *v in v, 2 v in v*. Herhaal dit (*) 3x, v in elke v (2x), *v in v, 2 v in v*. Herhaal dit (*)

2x (22 v). Toer 4: v in elke v (22 v). Toer 5: v in elke v (2x), 2 v in v, v in elke v (2x), *v in v, v in v, 2 v in v*. Herhaal dit (*) 3x, v in elke v (2x), *v in v, v in v, 2 v in v*. Herhaal dit (*) 2x (28 v). Toer 6 en 7: v in elke v (28 v). Toer 8: v in elke v (2x), haak 2 v samen, v in elke v (2x), *v in v, v in v, haak 2 v samen*. Herhaal dit (*) 3x, v in elke v (2x), *v in v, v in v, haak 2 v samen*. Herhaal dit (*) 2x (22 v). Hecht af. Vul de snuit op en naai hem aan het hoofd.

Neusvleugels (2x)

Haak met groen een ketting van 2 l. Toer 1: 6 v in 1e l (6 v). Toer 2: 2 v in elke v (12 v). Hecht af. Vouw het rondje dubbel. Naai het dubbelgevouwen rondje in een u-vorm (met de gevouwen kant naar voren) op de snuit van de draak van toer 5 tot toer 7, met ongeveer 5 steken ruimte tussen de neusvleugels.

Oren (2x)

Haak met groen een ketting van 5 l. Haak v terug over de lossenketting. Begin in de 2e l vanaf de haaknaald (4 v). Haak 1 l en keer het haakwerk om. Haak een v in elke v (4 v). Haak 1 l en keer het haakwerk om. Haak 1 v, 2 v samen, 1 v (3 v). Haak 1 l en keer het haakwerk om. Haak een v in elke v (3 v). Haak 1 l en keer het haakwerk om. Haak 1 v, 2 v samen (2 v). Hecht af en stop de draad in. Haak vervolgens 'de driehoek' van het oor helemaal om met vasten (zie uitleg voor in het boek). Naai de oren op de bovenkant van het hoofd, met ongeveer 8 steken ruimte tussen de oren.

Armpjes (2x)

Haak met groen een ketting van 18 l (haak niet te strak). Haak v terug over de lossenketting. Begin in de 2e l vanaf de haaknaald (17 v). Toer 1: 5 v in laatste l van de ketting (5 v). Toer 2: 2 v in elke v (10 v). Toer 3: 2 v in elke 2e v (15 v). Toer 4 en 5: v in elke v (15 v). Toer 6: haak elke 2e en 3e v samen (10 v). Vul het handje licht op. Toer 7: v in elke v (10 v). Toer 8: haak elke 1e en 2e v samen (5 v). Hecht af. Naai de armpjes aan de zijkanten van het lijfje.

Benen (2x)

Haak met groen een ketting van 24 l (haak niet te strak). Haak v terug over de lossenketting. Begin in de 2e l vanaf de haaknaald (23 v). Toer 1: 6 v in laatste l van de ketting (6 v). Toer 2: 2 v in elke v (12 v). Toer 3: 2 v in elke 2e v (18 v). Toer 4: v in elke v (18 v). Toer 5: v in elke v (8x), 1 bobbel**, 1 v, 1 bobbel, v in elke v (7x) (18 v). Toer 6: haak elke 2e en 3e v samen (12 v). Vul het voetje licht op. Toer 7: v in elke v (12 v). Toer 8: haak elke 1e en 2e v samen (6 v). Hecht af. Naai de beentjes aan de onderkant van het lijfje.

 ** Maak een bobbel als volgt: *sla de draad om de naald, steek in in volgende v, haal de draad door de v, sla de draad om de naald en haal deze door de 1e en 2e lus op de haaknaald*. Herhaal dit (*) nog 3x in dezelfde steek. Als je 5 lussen op de haaknaald hebt, sla dan nog een keer de draad om de naald en haal in één keer de draad door alle 5 de lussen.

Staart
Je begint aan de punt van de staart. Begin met groen en haak een ketting van 2 l. Toer 1: 6 v in 1e l (6 v). Toer 2: *v in elke v (2x), 2 v in 3e v*. Herhaal dit (*) 1x (8 v). Toer 3: v in elke v (7x), 2 v in 8e v (9 v). Toer 4: v in elke v (4x), 2 v in 5e v, v in elke v (4x) (10 v). Toer 5: v in elke v (9x), 2 v in 10e v (11 v). Toer 6: v in elke v (5x), 2 v in 6e v, v in elke v (5x) (12 v). Toer 7: 2 v in 1e v, v in elke v (11x) (13 v). Toer 8: v in elke v (3x), 2 v in 4e v, v in elke v (9x) (14 v). Toer 9: v in elke v (6x), 2 v in 7e v, v in elke v (7x) (15 v). Toer 10: v in elke v (10x), 2 v in 11e v, v in elke v (4x) (16 v). Toer 11: v in elke v (15x), 2 v in 16e v (17 v). Toer 12: v in elke v (8x), 2 v in 9e v, v in elke v (8x) (18 v). Hecht af en vul de staart op. Naai de staart aan de achterkant aan het lijf. Laat hiervoor het draakje zitten. Houd vervolgens de staart in het midden tegen de achterkant van het lijfje. Zet de staart in deze stand vast. Let op, als je de staart met de punt schuin naar beneden vastzet, dan kan de draak niet meer zitten.

Bult groot (4x)
Haak met roze een ketting van 2 l (haak de andere 3 bulten met lichtpaars, donkerpaars en rood). Toer 1: 6 v in 1e l (6 v). Toer 2: 2 v in elke 2e v (9 v). Toer 3: 2 v in elke 3e v (12 v). Toer 4: 2 v in elke 4e v (15 v). Hecht af en vul de bult op. Naai de eerste grote bult in de nek van de draak aan de achterkant van het hoofd. Naai vervolgens 2 grote bulten op de achterkant van het hoofd en 1 grote bult op de rug van de draak, aansluitend aan de eerste bult.

Bult middel (3x)
Haak met fuchsia een ketting van 2 l (haak de andere 2 bulten met aqua blauw en oranje). Toer 1: 6 v in 1e l

(6 v). Toer 2: 2 v in elke 2e v (9 v). Toer 3: 2 v in elke 3e v (12 v). Hecht af en vul de bult op. Naai 2 middelgrote bulten op het hoofd van de draak en 1 bult op de rug van de draak (aansluitend aan de grote bulten).

Bult klein (2x)

Haak met lichtblauw een ketting van 2 l (haak de andere bult met lichtgeel). Toer 1: 6 v in 1e l (6 v). Toer 2: 2 v in elke 2e v (9 v). Hecht af. Naai de kleine bultjes op de staart van de draak (aansluitend aan de middelgrote bulten).

Vleugels (2x)

Begin met lichtblauw en haak een ketting van 2 l. Toer 1: 6 v in 1e l (6 v). Toer 2: v in elke v (12 v). Toer 3: 2 v in elke 4e v (15 v). Toer 4 en 5: v in elke v (15 v). Toer 6: haak elke 4e en 5e v samen (12 v). Toer 7: v in elke v (12 v). Toer 8: haak elke 3e en 4e v samen (9 v). Toer 9: haak elke 2e en 3e v samen (6 v). Hecht af. Vul de vleugels niet op. Naai de vleugels op de rug van de draak (elk aan één kant van een bult).

Ogen

Borduur de ogen (over 2 steken hoogte) met zwart tegen de snuit aan met 3 steken tussenruimte. Borduur met gebroken wit een stip in elk oog.

Mevrouw Bij

Mijn dochters en hun vriendinnetjes dragen regelmatig ideeën aan voor het ontwerpen van nieuwe bungels. Eén ervan was een bij. Waarom niet, dacht ik. De bij was vrij snel ontworpen, maar ik vond hem zo zwart-geel. Toen bedacht ik dat ik de bij kon opvrolijken met mini bloemetjes. Met haaknaald 1,25 heb ik de kleine bloemetjes gehaakt voor de schoenen, de ketting en het hoofd. Het haken van de mini bloemetjes is lang niet zo moeilijk als het lijkt.

Benodigd materiaal

- 25 gram geel katoen (Catania nr. 208 of Phildar Coton 3 nr. 45)
- 25 gram zwart katoen (Catania nr. 110 of Phildar Coton 3 nr. 67)
- restje roze katoen (Catania nr. 222 of Phildar Coton 3 nr. 68)
- restje fuchsia katoen (Catania nr. 251 of Phildar Coton 3 nr. 36)
- restje gebroken wit katoen (Catania nr. 105 of Phildar Coton 3 nr. 49)
- haaknaald 2,5 en 2,0 en 1,25
- vulling: kussenvulling of fiberfill

- zwart en rood naaigaren of borduurzijde
- stopnaald
- naainaald

Zittend is de bij ongeveer 12 cm hoog. De bij wordt gehaakt met haaknaald 2,5, tenzij anders aangegeven.

Lijf en hoofd

Haak de eerste 5 toeren met zwart, daarna 2 toeren met geel (6 + 7), 2 toeren met zwart (8 + 9), 2 toeren met geel (10 + 11), 2 toeren met zwart (12 + 13), 2 toeren met geel (14 + 15), 2 toeren met zwart (16 + 17), de rest met geel (18 t/m 34). Je begint aan de onderkant van het lijf. Haak met zwart een ketting van 2 l. Toer 1: 6 v in 1e l (6 v). Toer 2: 2 v in elke v (12 v). Toer 3: 2 v in elke 2e v (18 v). Toer 4: v in elke v (18 v). Toer 5: 2 v in elke 3e v (24 v). Let op, start hier met geel en wissel om de 2 toeren van kleur zoals hierboven beschreven! Toer 6: 2 v in elke 4e v (30 v). Toer 7 t/m 10: v in elke v (30 v). Toer 11: haak elke 4e en 5e v samen (24 v). Toer 12: v in elke v (24 v). Toer 13: haak elke 3e en 4e v samen (18 v). Toer 14: v in elke v (18 v). Vul het lijfje op. Toer 15: haak elke 2e en 3e v samen (12 v). Toer 16: v in elke v (12 v). Toer 17: haak elke

2e en 3e v samen (8 v). Vul het lijfje verder op. Haak de rest helemaal met geel. Toer 18: v in elke v (8 v). Toer 19: 2 v in elke 2e v (12 v). Toer 20: 2 v in elke 2e v (18 v). Toer 21: 2 v in elke 3e v (24 v). Toer 22: 2 v in elke 4e v (30 v). Toer 23: 2 v in elke 5e v (36 v). Vul het nekje stevig op. Toer 24: 2 v in elke 6e v (42 v). Toer 25 en 26: v in elke v (42 v). Toer 27: haak elke 6e en 7e v samen (36 v). Toer 28: v in elke v (36 v). Toer 29: haak elke 5e en 6e v samen (30 v). Toer 30: v in elke v (30 v). Toer 31: haak elke 4e en 5e v samen (24 v). Toer 32: haak elke 3e en 4e v samen (18 v). Toer 33: haak elke 2e en 3e v samen (12 v). Vul het hoofd op. Toer 34: haak elke 1e en 2e v samen (6 v). Hecht af en stop de draad in.

Kapje

Haak met zwart een ketting van 2 l. Toer 1: 6 v in 1e l (6 v). Toer 2: 2 v in elke v (12 v). Toer 3: 2 v in elke 2e v (18 v). Toer 4: 2 v in elke 3e v (24 v). Toer 5: 2 v in elke 4e v (30 v). Toer 6: 2 v in elke 5e v (36 v). Toer 7: 2 v in elke 4e v (45 v). Toer 8: v in elke v (45 v). Toer 9: haak elke 7e en 8e v samen, eindig met 5 v (40 v). Toer 10: v in elke v (40 v). Toer 11: haak elke 6e en 7e v samen, eindig met 5 v (35 v). Toer 12: v in elke v (35 v). Toer 13: 16 v, (hst + st) in v, 3 dst in v, 3 dst in v, (st + hst) in v, 15 v (37 v). Hecht af. Naai de voelsprieten op het kapje en zet daarna het kapje vast op het hoofd.

Voelsprieten (2x) (haaknaald 2)

Haak de voelsprieten met haaknaald 2. Haak met zwart een ketting van 2 l. Toer 1: 4 v in 1e l (4 v). Toer 2: 2 v in elke v (8 v). Toer 3: *v in v, v in v, 2 v in volgende v*. Herhaal dit (*) 1x en eindig met 2 v (10 v). Toer 4: *v in v, v in v, haak 2 v samen*. Herhaal dit (*) 1x en eindig met 2 v (8 v). Toer 5: haak elke 1e en 2e v samen (4 v). Toer 6 t/m 9: v in elke v (4 v). Hecht af en naai de voelsprieten op het kapje op het hoofd met 3 steken tussenruimte.

Armpjes (2x)

Haak met geel een ketting van 17 l (haak niet te strak). Haak v terug over de lossenketting. Begin in de 2e l vanaf de haaknaald (16 v). Toer 1: 5 v in laatste l van de ketting (5 v). Toer 2: 2 v in elke v (10 v). Toer 3 en 4: v in elke v (10 v). Toer 5: haak elke 1e en 2e v samen (5 v). Hecht af (de handjes worden niet gevuld) en naai de armpjes aan de zijkant van het lijfje.

Benen (2x)

Haak met geel een ketting van 24 l (haak niet te strak). Haak v terug over de lossenketting. Begin in de 2e l vanaf de haaknaald (23 v). Toer 1: 6 v in laatste l van de ketting (6 v). Toer 2: 2 v in elke v (12 v). Toer 3: v in elke 2e v (18 v). Ga verder met zwart. Toer 4 en 5: v in elke v (18 v). Toer 6: haak elke 2e en 3e v samen (12 v). Vul het voetje licht op. Toer 7: v in elke v (12 v). Toer 8: haak elke 1e en 2e v samen (6 v). Hecht af. Naai de beentjes vast aan de onderkant van het lijfje.

Vleugels (2x)

Haak met gebroken wit een ketting van 2 l. Toer 1: 6 v in 1e l (6 v). Toer 2: 2 v in elke v (12 v). Toer 3: 2 v in elke 4e v (15 v). Toer 4: v in elke v (15 v). Toer 5: 2 v in elke 5e v (18 v). Toer 6: v in elke v (18 v). Toer 7: haak elke 5e en 6e v samen (15 v). Toer 8: v in elke v (15 v). Toer 9: haak elke 4e en 5e v samen (12 v). Toer 10: v in elke v (12 v). Toer 11: haak elke 3e en 4e v samen (9 v). Toer 12: haak elke 2e en 3e v samen (6 v). Hecht af en naai de vleugels aan de achterkant aan het lijfje.

Angel (haaknaald 2)

Haak de angel met haaknaald 2. Haak met zwart een ketting van 2 l. Toer 1: 4 v in 1e l (4 v). Toer 2: v in elke v (4 v). Toer 3: 2 v in elke 2e v (6 v). Toer 4: 2 v in elke 3e v (8 v). Toer 5: v in elke v (8 v). Hecht af. Vul de angel op en naai deze aan de achterkant aan het lijfje.

Bloemetjes (2x) (haaknaald 2)

Haak de bloemetjes met haaknaald 2. Haak met fuchsia een ketting van 5 l. Haak vervolgens 1 hv in 1e l van de ketting (dus bij het knoopje). Nu krijg je een lusje wat het eerste bloemblaadje is. Haak vervolgens 4 l en daarna weer 1 hv in dezelfde 1e l (als na de 5 l). Dit is het tweede bloemblaadje. Maak zo 5 bloemblaadjes. Hecht af. Gebruik de bloemetjes voor de voetjes.

Mini bloemetjes (6x) (haaknaald 1,25)

Haak de mini bloemetjes met haaknaald 1,25. Haak 3 bloemetjes met fuchsia en 3 bloemetjes met roze. Splits een draad roze katoen in losse draadjes. Gebruik 1 draadje om met haaknaald 1,25 te haken. Haak met roze een ketting van 4 l. Haak vervolgens 1 hv in 1e l van de ketting (dus bij het knoopje). Nu krijg je een lusje wat het eerste bloemblaadje is. Haak vervolgens 3 l en daarna weer 1 hv in dezelfde 1e l. Dit is het tweede bloemblaadje. Maak zo 5 bloemblaadjes. Hecht af. Naai 2 roze mini bloemetjes op de 2 fuchsia bloemen (gehaakt met haaknaald 2). Naai daarna de dubbele bloemen op de voetjes. Naai 1 roze mini bloemetje op de fuchsia bloem (gehaakt met haaknaald 1,25, hieronder uitgelegd) voor de ketting. Naai 1 fuchsia mini bloemetje bij een voelspriet op het kapje. Gebruik 2 fuchsia mini bloemetjes voor de ketting (hieronder uitgelegd).

Bloemenketting (haaknaald 1,25)

De ketting en de fuchsia bloem worden gehaakt met haaknaald 1,25. Splits hiervoor weer een draad katoen en gebruik 1 draad om te haken. Haak voor de ketting met roze (1 draad) een ketting van 60 l. Hecht af. Haak voor de bloem met fuchsia (1 draad) een ketting van 5 l. Haak vervolgens 1 hv in 1e l van de ketting (dus bij het knoopje). Nu krijg je een lusje wat het eerste bloemblaadje is.

Haak vervolgens 4 l en daarna weer 1 hv in dezelfde 1e l (als na de 5 l). Dit is het tweede bloemblaadje. Maak zo 5 bloemblaadjes. Hecht af. Naai 1 roze mini bloemetje op deze fuchsia bloem. Gebruik deze dubbele bloem daarna voor de ketting. Bevestig deze dubbele bloem in het midden van de ketting. Naai daarna aan beide kanten van de dubbele bloem de 2 fuchsia mini bloemetjes (die je hiervoor hebt gehaakt). Doe de ketting om het hoofd van de bij en naai vervolgens de uiteinden aan elkaar.

Ogen

Borduur met zwart de ogen (over 2 steken hoogte) op het gezicht (2,5 toer onder het kapje), met 6 steken tussenruimte. Borduur met gebroken wit een stip in elk oog. Borduur vervolgens met zwart borduurzijde of naaigaren de wimpers aan de ogen. Borduur daarna met rood borduurzijde of naaigaren een mondje op het gezichtje.

Bungelvarken

Een varken hoort natuurlijk ook in de serie. Ik heb zitten denken of het een feestvarken moest worden met een feesthoed, een taartje en ballonnen. Maar uiteindelijk vond ik dat in dit geval minder meer is. Dus het is 'gewoon' een varken, zonder extra's.

Benodigd materiaal

- 25 gram roze katoen (Catania nr. 222 of Phildar Coton 3 nr. 68)
- restje fuchsia katoen (Catania nr. 251 of Phildar Coton 3 nr. 36)
- restje gebroken wit katoen (Catania nr. 105 of Phildar Coton 3 nr. 49)
- restje zwart katoen (Catania nr. 110 of Phildar Coton 3 nr. 67)
- haaknaald 2,5 en 1,25
- vulling: kussenvulling of fiberfill
- stopnaald

Zittend is het varken ongeveer 12 cm hoog.
Het varken wordt gehaakt met haaknaald 2,5, tenzij anders aangegeven.

Lijf en hoofd

Je begint aan de onderkant van het lijf. Begin met roze en haak een ketting van 2 l. Toer 1: 6 v in 1e l (6 v). Toer 2: 2 v in elke v (12 v). Toer 3: 2 v in elke 2e v (18 v). Toer 4: v in elke v (18 v). Toer 5: 2 v in elke 3e v (24 v). Toer 6: 2 v in elke 4e v (30 v). Toer 7: 2 v in elke 5e v (36 v). Toer 8 en 9: v in elke v (36 v). Toer 10: haak elke 5e en 6e v samen (30 v). Toer 11: haak elke 4e en 5e v samen (24 v). Toer 12: v in elke v (24 v). Toer 13: haak elke 3e en 4e v samen (18 v). Toer 14: v in elke v (18 v). Vul het lijfje op. Toer 15: haak elke 2e en 3e v samen (12 v). Toer 16: v in elke v (12 v). Toer 17: haak elke 2e en 3e v samen (8 v). Toer 18: v in elke v (8 v). Toer 19: 2 v in elke 2e v (12 v). Toer 20: 2 v in elke 2e v (18 v). Toer 21: 2 v in elke 3e v (24 v). Toer 22: 2 v in elke 4e v (30 v). Toer 23: 2 v in elke 5e v (36 v). Vul het nekje stevig op. Toer 24: 2 v in elke 6e v (42 v). Toer 25 en 26: v in elke v (42 v). Toer 27: haak elke 6e en 7e v samen (36 v). Toer 28: v in elke v (36 v). Toer 29: haak elke 5e en 6e v samen (30 v). Toer 30: v in elke v (30 v). Toer 31: haak elke 4e en 5e v samen (24 v). Toer 32: haak elke 3e en 4e v samen (18 v). Toer 33: haak elke 2e en 3e v samen (12 v). Vul het hoofd op. Toer 34: haak elke 1e en 2e v samen (6 v). Hecht af.

Snuit

Haak met roze een ketting van 5 l. Toer 1: haak als volgt rondom de lossenketting: v in 2e l vanaf de haaknaald, v in volgende v, v in volgende v, 3 v in volgende v (dit haak je in de eerste l van de ketting). Haak verder aan de onderkant van de ketting: v in volgende v, v in volgende v, 2 v in volgende v (10 v). Je hebt nu een ovaal gehaakt. Toer 2: 2 v in eerste v, v in elke v (2x), 2 v in (3x), v in elke v (2x), 2 v in elke v (2x) (16 v). Toer 3: v in eerste v, 2 v in v, v in elke v (2x), *v in v, 2 v in v*. Herhaal dit (*) 3x, v in elke v (2x), *v in v, 2 v in v*. Herhaal dit (*) 2x (22 v). Toer 4: haak alleen in de buitenste lussen: v in elke v (22 v). Toer 5 t/m 7: v in elke v (22 v). Hecht af. Borduur met fuchsia de neusgaten op de snuit. Borduur de neusgaten van toer 1 naar 2, met 3 steken tussen de neusgaten in. Vul vervolgens de snuit op en naai hem aan het hoofd.

Oren (2x)

Haak met roze een ketting van 6 l. Haak v terug over de lossenketting. Begin in de 2e l vanaf de haaknaald (5 v). Haak 1 l en keer het haakwerk om. Haak 1 v, 1 v, 2 v samen, 1 v (4 v). Haak 1 l en keer het haakwerk om. Haak 1 v, 2 v samen, 1 v

(3 v). Haak 1 l en keer het haakwerk om. Haak 1 v, 2 v samen (2 v). Haak 1 l en keer het haakwerk om. Haak 2 v samen. Hecht af en stop de draad in. Haak vervolgens 'de driehoek' van het oor helemaal om met vasten (zie uitleg voor in het boek). Naai de oren op de bovenkant van het hoofd, met 5 steken ruimte tussen de oren.

Armpjes (2x)

Haak met roze een ketting van 18 l (haak niet te strak). Haak v terug over de lossenketting. Begin in de 2e l vanaf de haaknaald (17 v). Toer 1: 5 v in laatste l van de ketting (5 v). Toer 2: 2 v in elke v (10 v). Toer 3: 2 v in elke 2e v (15 v). Toer 4: v in elke v (15 v). Ga verder met fuchsia. Toer 5: v in elke v (15 v). Toer 6: haak elke 2e en 3e v samen (10 v). Vul het handje licht op. Toer 7: v in elke v (10 v). Toer 8: haak elke 1e en 2e v samen (5 v). Hecht af. Naai de armpjes aan de zijkanten van het lijfje.

Benen (2x)

Haak met roze een ketting van 24 l (haak niet te strak). Haak v terug over de lossenketting. Begin in de 2e l vanaf de haaknaald (23 v). Toer 1: 6 v in laatste l van de ketting (6 v). Toer 2: 2 v in elke v (12 v). Toer 3: 2 v in elke 2e v (18 v). Toer 4: v in elke v (18 v). Ga verder met fuchsia. Toer 5: v in elke v (18 v). Toer 6: haak elke 2e en 3e v samen (12 v). Vul het voetje licht op. Toer 7: v in elke v (12 v). Toer 8: haak elke 1e en 2e v samen (6 v). Hecht af. Naai de beentjes aan de onderkant van het lijfje.

Staartje

Haak met roze een ketting van 10 l (haak niet te strak). Haak het volgende terug over de lossenketting (begin in de 2e l vanaf de haaknaald): 1 v, 2 v in v, 1 v, 2 v in v enzovoort. Hecht af en naai het staartje aan het lijfje.

Navel (haaknaald 1,25)

Haak een mini bloemetje met haaknaald 1,25. Splits een draad fuchsia katoen in losse draadjes. Gebruik 1 draadje om met haaknaald 1,25 te haken. Haak een ketting van 4 l. Haak vervolgens 1 hv in 1e l van de ketting (dus bij het knoopje). Nu krijg je een lusje wat het eerste bloemblaadje is. Haak vervolgens 3 l en daarna weer 1 hv in dezelfde 1e l. Dit is het tweede bloemblaadje. Maak zo 5 bloemblaadjes. Hecht af en naai het mini bloemetje op de buik (op de plaats van de navel).

Ogen

Borduur met zwart de ogen (over 2 steken hoogte) op het gezicht. Borduur de ogen 1 steek boven de snuit met 5 steken tussenruimte. Borduur met gebroken wit een stip in elk oog.

Bungelleeuw

Een bungelleeuw spookte al een tijdje rond in mijn hoofd. Ik zag hem helemaal voor me, met prachtige manen. Ik had bedacht om voor de manen pluisgaren te gebruiken. Het haken met pluisgaren is in het begin best lastig. Maar oefening baart kunst en de leeuw heeft zijn prachtige manen gekregen. Een zacht pluisstaartje mocht natuurlijk ook niet ontbreken. De kleuren die ik heb gebruikt, zijn uit het assortiment. Maar met iets donkerder geel en donkerder manen wordt de leeuw ook mooi.

Benodigd materiaal

- 25 gram geel (Catania nr. 208 of Phildar Coton 3 nr. 45)
- 25 gram bruin pluisgaren (Schachenmayer Nomotta Brazilia nr. 10)
- restje donkerbruin katoen (Catania nr. 162 of Phildar Coton nr. 47)
- restje goudkleurig katoen (Catania nr. 249)
- restje gebroken wit katoen (Catania nr. 105 of Phildar Coton 3 nr. 49)
- haaknaald 2,5
- vulling: kussenvulling of fiberfill
- stopnaald

Zittend is de leeuw ongeveer 12 cm hoog.
De leeuw wordt gehaakt met haaknaald 2,5.

Lijf en hoofd

Je begint aan de onderkant van het lijf. Begin met geel en haak een ketting van 2 l. Toer 1: 6 v in 1e l (6 v). Toer 2: 2 v in elke v (12 v). Toer 3: 2 v in elke 2e v (18 v). Toer 4: v in elke v (18 v). Toer 5: 2 v in elke 3e v (24 v). Toer 6: 2 v in elke 4e v (30 v). Toer 7: 2 v in elke 5e v (36 v). Toer 8 en 9: v in elke v (36 v). Toer 10: haak elke 5e en 6e v samen (30 v). Toer 11: haak elke 4e en 5e v samen (24 v). Toer 12: v in elke v (24 v). Toer 13: haak elke 3e en 4e v samen (18 v). Toer 14: v in elke v (18 v). Vul het lijfje op. Toer 15: haak elke 2e en 3e v samen (12 v). Toer 16: v in elke v (12 v). Toer 17: haak elke 2e en 3e v samen (8 v). Toer 18: v in elke v (8 v). Toer 19: 2 v in elke 2e v (12 v). Toer 20: 2 v in elke 2e v (18 v). Toer 21: 2 v in elke 3e v (24 v). Toer 22: 2 v in elke 4e v (30 v). Toer 23: 2 v in elke 5e v (36 v). Vul het nekje stevig op. Toer 24: 2 v in elke 6e v (42 v). Toer 25 en 26: v in elke v (42 v). Toer 27: haak elke 6e en 7e v samen (36 v). Toer 28: v in elke v (36 v). Toer 29: haak elke 5e en 6e v samen (30 v). Toer 30: v in elke v (30 v). Toer 31: haak elke 4e en 5e v samen (24 v).

Toer 32: haak elke 3e en 4e v samen (18 v). Toer 33: haak elke 2e en 3e v samen (12 v). Vul het hoofd op. Toer 34: haak elke 1e en 2e v samen (6 v). Hecht af en maak met de draad de zichtbare gaten dicht.

Snuit

Haak met geel een ketting van 5 l. Toer 1: haak als volgt rondom de lossenketting: v in 2e l vanaf de haaknaald, v in volgende v, v in volgende v, 3 v in volgende v (haak dit in de eerste l van de ketting). Haak verder aan de onderkant van de ketting: v in volgende v, v in volgende v, 2 v in volgende v (10 v). Je hebt nu een ovaal gehaakt. Toer 2: 2 v in eerste v, v in elke v (2x), 2 v in v (3x), v in elke v (2x), 2 v in elke v (2x) (16 v). Toer 3: v in eerste v, 2 v in v, v in elke v (2x), *v in v, 2 v in v*. Herhaal dit (*) 3x, v in elke v (2x), *v in v, 2 v in v*. Herhaal dit (*) 2x (22 v). Toer 4: haak alleen in de buitenste lussen: v in elke v (22 v). Toer 5 t/m 7: v in elke v (22 v). Hecht af. Borduur met donkerbruin de neus op de snuit. Vul daarna de snuit op en naai hem aan het hoofd.

Manen

Begin met bruin pluisgaren en haak een ketting van 2 l. Toer 1: 6 v in 1e l (6 v). Toer 2: 2 v in elke v (12 v). Toer 3: 2 v in elke 2e v (18 v). Toer 4: 2 v in elke 3e v (24 v). Toer 5: 2 v in elke 4e v (30 v). Toer 6: 2 v in elke 5e v (36 v). Toer 7: 2 v in elke 4e v (45 v). Toer 8 en 9: v in elke v (45 v). Toer 10: haak elke 7e en 8e v samen, eindig met 5 v (40 v). Toer 11: haak elke 6e en 7e v samen, eindig met 5 v (35 v). Toer 12 en 13: v in elke v (35 v). Hecht af. Naai de oren op de manen en naai vervolgens de manen op het hoofd.

Oren (2x)

Begin met geel en haak een ketting van 2 l. Toer 1: 6 v in 1e l (6 v). Toer 2: 2 v in elke v (12 v). Toer 3: v in elke v (12 v). Toer 4: 2 v in elke 2e v (18 v). Toer 5 en 6: v in elke v (18 v). Toer 7: haak elke 2e en 3e v samen (12 v). Hecht af. Naai de oren in een u-vorm op de manen, met 9 steken ruimte tussen de oren.

Armpjes (2x)

Haak met geel een ketting van 18 l (haak niet te strak). Haak v terug over de lossenketting. Begin in de 2e l vanaf de haaknaald (17 v). Toer 1: 5 v in laatste l van de ketting (5 v). Toer 2: 2 v in elke v (10 v). Toer 3: 2 v in elke 2e v (15 v). Toer 4: v in elke v (15 v). Ga verder met goud. Toer 5: v in elke v (15 v). Toer 6: haak elke 2e en 3e v samen (10 v). Vul het handje licht op. Toer 7: v in elke v (10 v). Toer 8: haak elke 1e en 2e v samen (5 v). Hecht af. Naai de armpjes aan de zijkanten van het lijfje.

Benen (2x)

Haak met geel een ketting van 24 l (haak niet te strak). Haak v terug over de lossenketting. Begin in de 2e l vanaf de haaknaald (23 v). Toer 1: 6 v in laatste l van de ketting (6 v). Toer 2: 2 v in elke v (12 v). Toer 3: 2 v in elke 2e v (18 v). Toer 4: v in elke v (18 v). Ga verder met goud. Toer 5: v in elke v (18 v). Toer 6: haak elke 2e en 3e v samen (12 v). Vul het voetje licht op. Toer 7: v in elke v (12 v). Toer 8: haak elke 1e en 2e v samen (6 v). Hecht af. Naai de beentjes aan de onderkant van het lijfje.

Staartje

Haak met geel een ketting van 11 l. Haak hv terug over de lossenketting. Begin in de 2e l vanaf de haaknaald (10 v). Ga verder met bruin pluisgaren. Toer 1: 5 v in laatste l van de ketting (5 v). Toer 2: 2 v in elke v (10 v). Toer 3: v in elke v (10 v). Toer 4: v in elke v (4x), haak 2 v samen, v in elke v (4x) (9 v).

Toer 5: haak 2 v samen, v in elke v (3x), 2 v samen, v in elke v (2x) (7 v). Toer 6: haak elke 1e en 2e v samen, eindig met 1 v (4 v). Hecht af en naai het staartje aan het lijfje.

Ogen

Borduur met donkerbruin de ogen (over 2 steken hoogte) op het gezicht. Borduur de ogen tegen de snuit aan, met 3 steken tussenruimte. Borduur met gebroken wit een stip in elk oog.

Bungellieveheersbeestje

Lieveheersbeestjes hebben altijd zo'n lieve uitstraling, je krijgt er vaak een glimlach van op je gezicht. Zo'n lieve lievebees wilde ik ook maken. Met vleugels die kunnen bewegen. Omdat ik de gekleurde bulten van de draak zo gaaf vind, heeft mijn lieveheersbeestje gekleurde stippen gekregen.

Benodigd materiaal

- 25 gram rood katoen (Catania nr. 115 of Phildar Coton 3 nr. 50)
- 25 gram zwart katoen (Catania nr. 110 of Phildar Coton 3 nr. 67)
- 25 gram huidskleur katoen (Phildar Coton 3 nr. 1)
- restje gebroken wit katoen (Catania nr. 105 of Phildar Coton 3 nr. 49)
- restje lichtblauw katoen (Phildar Coton 3 nr. 39)
- restje lichtgeel katoen (Phildar Coton 3 nr. 2)
- restje appeltjesgroen katoen (Catania nr. 205)
- restje lichtpaars katoen (Catania nr. 226 of Phildar Coton 3 nr. 4)
- haaknaald 2,5
- rood borduurzijde of naaigaren
- vulling: kussenvulling of fiberfill
- stopnaald
- naainaald

Zittend is het lieveheersbeestje ongeveer 12 cm hoog. Het lieveheersbeestje wordt gehaakt met haaknaald 2,5.

Lijf en hoofd

Je begint aan de onderkant van het lijf. Begin met zwart en haak een ketting van 2 l. Toer 1: 6 v in 1e l (6 v). Toer 2: 2 v in elke v (12 v). Toer 3: 2 v in elke 2e v (18 v). Toer 4: v in elke v (18 v). Toer 5: 2 v in elke 3e v (24 v). Toer 6: 2 v in elke 4e v (30 v). Toer 7 t/m 10: v in elke v (30 v). Toer 11: haak elke 4e en 5e v samen (24 v). Toer 12: v in elke v (24 v). Toer 13: haak elke 3e en 4e v samen (18 v). Toer 14: v in elke v (18 v). Toer 15: haak elke 2e en 3e v samen (12 v). Ga verder met rood. Toer 16: v in elke v (12 v). Vul het lijfje op. Toer 17: haak elke 2e en 3e v samen (8 v). Ga verder met huidskleur. Toer 18: v in elke v (8 v). Toer 19: 2 v in elke 2e v (12 v). Toer 20: 2 v in elke 2e v (18 v). Toer 21: 2 v in elke 3e v (24 v). Toer 22: 2 v in elke 4e v (30 v). Toer 23: 2 v in elke 5e v (36 v). Toer 24: 2 v in elke 6e v (42 v). Vul het nekje op. Toer 25 en 26: v in elke v (42 v). Toer 27: haak elke 6e en 7e v samen (36 v). Toer 28: v in elke v (36 v). Toer 29: haak elke 5e en 6e v samen (30 v). Toer 30: v in elke v (30 v). Toer 31: haak elke 4e en 5e v samen (24 v). Toer 32: haak elke 3e en 4e v samen (18 v). Toer 33: haak elke 2e en 3e v samen (12 v). Vul het hoofd op. Toer 34: haak elke 1e en 2e v samen (6 v). Hecht af.

Kapje

Haak met zwart een ketting van 2 l. Toer 1: 6 v in 1e l (6 v). Toer 2: 2 v in elke v (12 v). Toer 3: 2 v in elke 2e v (18 v). Toer 4: 2 v in elke 3e v (24 v). Toer 5: 2 v in elke 4e v (30 v). Toer 6: 2 v in elke 5e v (36 v). Toer 7: 2 v in elke 4e v (45 v). Toer 8 en 9: v in elke v (45 v). Toer 10: haak elke 7e en 8e v samen, eindig met 5 v (40 v). Toer 11: v in elke v (40 v). Toer 12: haak elke 6e en 7e v samen, eindig met 5 v (35 v). Toer 13 en 14: v in elke v (35 v). Hecht af. Naai eerst de voelsprieten op het kapje en zet vervolgens het kapje vast op het hoofd.

Voelsprieten (2x)

Haak met zwart een ketting van 8 l (haak niet te strak). Haak v terug over de lossenketting. Begin in de 2e l vanaf de haaknaald (7 v). Ga verder met rood. Toer 1: 5 v in de laatste l van de ketting (5 v). Toer 2: 2 v in elke v (10 v). Toer 3: v in elke v (10 v). Toer 4: haak elke 1e en 2e v samen (5 v). De bolletjes van de voelsprieten worden niet opgevuld. Hecht af en naai de voelsprieten op het kapje met 5 steken tussenruimte.

Armpjes (2x)

Haak met zwart een ketting van 17 l (haak niet te strak). Haak v terug over de lossenketting. Begin in de 2e l vanaf de haaknaald (16 v). Toer 1: 5 v in laatste l van de ketting (5 v). Toer 2: 2 v in elke v (10 v). Toer 3 en 4: v in elke v (10 v). Toer 5: haak elke 1e en 2e v samen (5 v). Hecht af (de handjes worden niet gevuld). Naai de armpjes aan de zijkanten van het lijfje.

Benen (2x)

Haak met zwart een ketting van 26 l (haak niet te strak). Haak v terug over de lossenketting. Begin in de 2e l vanaf de haaknaald (25 v). Toer 1: 6 v in laatste l van de ketting (6 v). Toer 2: 2 v in elke v (12 v). Toer 3: 2 v in elke 2e v (18 v). Ga verder met rood.

Toer 4 en 5: v in elke v (18 v). Toer 6: haak elke 2e en 3e v samen (12 v). Vul het voetje licht op. Toer 7: v in elke v (12 v). Toer 8: haak elke 1e en 2e v samen (6 v). Hecht af.

Schoenbandje (2x)

Haak met rood een ketting van 11 l en zet deze ketting vast over het voetje (als bandje van de schoen). Naai de beentjes aan de onderkant van het lijfje.

Vleugels (2x)

Haak met rood een ketting van 2 l. Toer 1: 6 v in 1e l (6 v). Toer 2: v in elke v (2x), 2 v in v (2x), v in elke v (2x) (8 v). Toer 3: v in elke v (8 v). Toer 4: v in elke v (3x), 2 v in v (2x), v in elke v (3x) (10 v). Toer 5: v in elke v (3x), 2 v in v (1x), v in elke v (2x), 2 v in v (1x), v in elke v (3x) (12 v). Toer 6: v in elke v (3x), 2 v in v (2x), v in elke v (2x), 2 v in v (2x), v in elke v (3x) (16 v). Toer 7: v in elke v (16 v). Toer 8: v in elke v (6x), 2 v in v (1x), v in elke v (2x), 2 v in v (1x), v in elke v (6x) (18 v). Toer 9: v in elke v (6x), 2 v in v (2x), v in elke v (2x), 2 v in v (2x), v in elke v (6x) (22 v). Toer 10 t/m 13: v in elke v (22 v). Toer 14: v in elke v (8x), haak 2 v samen (3x), v in elke v (8x) (19 v).

Toer 15: v in elke v (19 v). Toer 16: v in elke v (6x), haak 2 v samen (3x), v in elke v (7x) (16 v). Toer 17: v in elke v (5x), haak 2 v samen (3x), v in elke v (5x) (13 v). Toer 18: v in elke v (4x), haak 2 v samen (3x), v in elke v (3x) (10 v). Toer 19: v in elke v (2x), haak 2 v samen (3x), v in elke v (2x) (7 v). Hecht af. Naai de vleugels aan de achterkant aan het lijfje. Zet de vleugels alleen aan de bovenkant bij de nek vast, zodat ze nog omhoog en omlaag kunnen bewegen.

Stippen (6x)
Haak met lichtblauw een ketting van 2l. Toer 1: 6v in 1e l (6v). Sluit de toer met een hv (zodat je een mooi rondje krijgt). Hecht af. Haak nog 2 stippen met lichtgeel, 2 stippen met appeltjesgroen en 1 stip met lichtpaars. Naai de stippen op de vleugels. Zorg bij het opnaaien dat je alleen in het bovenste gedeelte van de vleugel naait. Zo blijft de onderkant van de vleugel rood.

Grote stip (1x)
Haak met lichtblauw een ketting van 2 l. Toer 1: 6 v in 1e l (6 v). Toer 2: 2 v in elke v (12 v). Sluit de toer met een hv (zodat je een mooi rondje krijgt). Hecht af en naai de stip op een vleugel. Zorg bij het opnaaien dat je alleen in het bovenste gedeelte van de vleugel naait. Zo blijft de onderkant van de vleugel rood.

Ogen
Borduur met zwart de ogen (over 2 steken hoogte) op het gezicht (ongeveer 2 toeren onder het kapje), met 4 steken tussenruimte. Borduur met gebroken wit een stip in elk oog. Borduur met rood borduurzijde of naaigaren de mond op het gezichtje.

Bungelschaap

Toen het haken met pluisgaren me steeds beter af ging, wilde ik graag een schaap maken. Het schaap is erg zacht en pluizig geworden en als mijn dochters het schaap zien, roepen ze steeds ooohh. Ze hebben me gevraagd om nog een paar schapen extra te maken, zodat ze allemaal een eigen slaapschaapbungelknuffel hebben.

Benodigd materiaal

- 25 gram wit pluisgaren (Schachenmayer Nomotta Brazilia nr. 1 of Zeeman Fluffy nr. 1)
- 25 gram grijs (Phildar Coton 3 nr. 8)
- restje gebroken wit katoen (Catania nr. 105 of Phildar Coton 3 nr. 49)
- restje zwart katoen (Catania nr. 110 of Phildar Coton 3 nr. 67)
- restje huidskleur katoen (Phildar Coton 3 nr. 1)
- haaknaald 2,5
- vulling: kussenvulling of fiberfill
- stopnaald

Zittend is het schaap ongeveer 12 cm hoog.

Het schaap wordt gehaakt met haaknaald 2,5.

Lijf en hoofd

Je begint aan de onderkant van het lijf. Begin met wit pluisgaren en haak een ketting van 2 l. Toer 1: 6 v in 1e l (6 v). Toer 2: 2 v in elke v (12 v). Toer 3: 2 v in elke 2e v (18 v). Toer 4: v in elke v (18 v). Toer 5: 2 v in elke 3e v (24 v). Toer 6: 2 v in elke 4e v (30 v). Toer 7: 2 v in elke 5e v (36 v). Toer 8 en 9: v in elke v (36 v). Toer 10: haak elke 5e en 6e v samen (30 v). Toer 11: haak elke 4e en 5e v samen (24 v). Toer 12: v in elke v (24 v). Toer 13: haak elke 3e en 4e v samen (18 v). Toer 14: v in elke v (18 v). Vul het lijfje op. Toer 15: haak elke 2e en 3e v samen (12 v). Toer 16: v in elke v (12 v). Haak verder met grijs. Toer 17: haak elke 2e en 3e v samen (8 v). Toer 18: v in elke v (8 v). Toer 19: 2 v in elke 2e v (12 v). Toer 20: 2 v in elke 2e v (18 v). Toer 21: 2 v in elke 3e v (24 v). Toer 22: 2 v in elke 4e v (30 v). Toer 23: 2 v in elke 5e v (36 v). Vul het nekje stevig op. Toer 24: 2 v in elke 6e v (42 v). Toer 25 en 26: v in elke v (42 v). Toer 27: haak elke 6e en 7e v samen (36 v). Toer 28: v in elke v (36 v). Toer 29: haak elke 5e en 6e v samen (30 v). Toer 30: v in elke v (30 v). Toer 31: haak elke 4e en 5e v samen (24 v). Toer 32: haak elke 3e en 4e v samen (18 v). Toer 33: haak elke 2e en 3e v samen (12 v). Vul het hoofd op. Toer 34: haak elke 1e en 2e v samen (6 v). Hecht af.

Kapje

Begin met wit pluisgaren en haak een ketting van 2 l. Toer 1: 6 v in 1e l (6 v). Toer 2: 2 v in elke v (12 v). Toer 3: 2 v in elke 2e v (18 v). Toer 4: 2 v in elke 3e v (24 v). Toer 5: 2 v in elke 4e v (30 v). Toer 6: 2 v in elke 5e v (36 v). Toer 7: 2 v in elke 4e v (45 v). Toer 8 en 9: v in elke v (45 v). Toer 10: haak elke 7e en 8e v samen, eindig met 5 v (40 v). Toer 11: haak elke 6e en 7e v samen, eindig met 5 v (35 v). Toer 12 en 13: v in elke v (35 v). Hecht af. Naai de oren op de het kapje en naai vervolgens het kapje op het hoofd.

Snuit

Haak met grijs een ketting van 4 l. Toer 1: haak als volgt rondom de lossenketting: v in 2e l vanaf de haaknaald, v in volgende v, 3 v in volgende v (dit haak je in de eerste l van de ketting). Haak verder aan de onderkant van de ketting: v in volgende v, 2 v in volgende v (8 v). Je hebt nu een ovaal gehaakt. Toer 2: 2 v in eerste v, v in elke v, 2 v in v (3x), v in elke v, 2 v in elke v (2x) (14 v). Toer 3: v in elke v (14 v). Hecht af. Borduur met huidskleur de neus op de snuit. Vul daarna de snuit op en naai hem aan het hoofd.

Oren (2x)

Begin met grijs en haak een ketting van 2 l.
Toer 1: 6 v in 1e l (6 v). Toer 2: 2 v in elke v (12 v). Toer 3 en 4: v in elke v (12 v). Toer 5: haak elke 5e en 6e v samen (10 v). Toer 6: v in elke v (10 v). Toer 7: haak elke 4e en 5e v samen (8 v). Toer 8 t/m 10: v in elke v (8 v). Hecht af. Naai de oren aan weerzijden van het kapje.

Armpjes (2x)

Haak met grijs een ketting van 17 l (haak niet te strak). Haak v terug over de lossenketting. Begin in de 2e l vanaf de haaknaald (16 v). Toer 1: 5 v in laatste l van de ketting (5 v). Toer 2: 2 v in elke v (10 v). Toer 3: 2 v in elke 2e v (15 v). Toer 4 en 5: v in elke v (15 v). Toer 6: haak elke 2e en 3e v samen (10 v). Vul het handje licht op. Toer 7: v in elke v (10 v). Toer 8: haak elke 1e en 2e v samen (5 v). Hecht af. Naai de armpjes aan de zijkanten van het lijfje.

Benen (2x)

Haak met grijs een ketting van 24 l (haak niet te strak). Haak v terug over de lossenketting. Begin in de 2e l vanaf de haaknaald (23 v). Toer 1: 6 v in laatste l van de ketting (6 v). Toer 2: 2 v in elke v (12 v). Toer 3: 2 v in elke 2e v (18 v). Toer 4 en 5: v in elke v (18 v). Toer 6: haak elke 2e en 3e v samen (12 v). Vul het voetje licht op. Toer 7: v in elke v (12 v). Toer 8: haak elke 1e en 2e v samen (6 v). Hecht af. Naai de beentjes aan de onderkant van het lijfje.

Staartje

Haak met grijs een ketting van 6 l (haak niet te strak). Haak v terug over de lossenketting, begin in de 2e l vanaf de haaknaald (5 v). Hecht af en naai het staartje aan van het lijfje.

Ogen

Borduur met zwart de ogen (over 2 steken hoogte) op het gezicht, 1 steek boven de snuit en met 3 tot 4 steken tussenruimte. Borduur daarna met gebroken wit een stip in elk oog.

BUNGELSCHAAP

Bungelrups

Nadat ik al een paar bungels had ontworpen, kwam de vraag of ik ook een iets ander model kon bedenken. Iets waarvan de basis niet hetzelfde is als van de andere beestjes. Hier is ie dan, een rups! Het was even puzzelen, vooral met de beentjes en al die voetjes. Maar dat maakt hem juist leuk, toch?

Benodigd materiaal

- restje rood katoen (Catania nr. 115 of Phildar Coton 3 nr. 50)
- 25 gram oranje katoen (Catania nr. 189)
- 25 gram geel katoen (Catania nr. 208 of Phildar Coton 3 nr. 45)
- 25 gram groen katoen (Catania nr. 241)
- 25 gram aqua blauw katoen (Catania nr. 146 of Phildar Coton 3 nr. 41)
- 25 gram huidskleur katoen (Phildar Coton 3 nr. 1)
- restje donkerbruin katoen (Catania nr. 162 of Phildar Coton 3 nr. 47)
- 25 gram paars katoen (Phildar Coton 3 nr. 38)
- restje zwart katoen (Catania nr. 110 of Phildar Coton 3 nr. 67)
- restje gebroken wit katoen (Catania nr. 105 of Phildar Coton 3 nr. 49)

- haaknaald 2,5 en 2,0
- vulling: kussenvulling of fiberfill
- stopnaald

De rups is ongeveer 12 cm hoog. De rups wordt gehaakt met haaknaald 2,5, tenzij anders aangegeven.

Lijf

Je begint met de staart. Haak met rood een ketting van 2 l. Toer 1: 6 v in 1e l (6 v). Toer 2: 2 v in elke v (12 v). Toer 3: v in elke v (12 v). Toer 4: 2 v in elke 2e v (18 v). Toer 5 en 6: v in elke v (18 v). Toer 7: haak elke 2e en 3e v samen (12 v). Ga verder met oranje. Toer 8: v in elke v (12 v). Vul het rode bolletje op. Toer 9: 2 v in elke 2e v (18 v). Toer 10: 2 v in elke 3e v (24 v). Toer 11 t/m 13: v in elke v (24 v). Toer 14: haak elke 3e en 4e v samen (18 v). Toer 15: haak elke 2e en 3e v samen (12 v). Ga verder met geel. Toer 16: 2 v in elke 2e v (18 v). Vul het oranje gedeelte op. Toer 17: 2 v in elke 3e v (24 v). Toer 18: 2 v in elke 4e v (30 v). Toer 19 t/m 21: v in elke v (30 v). Toer 22: haak elke 4e en 5e v samen (24 v). Toer 23: haak elke 3e en 4e v samen (18 v). Toer 24: haak elke 2e en 3e v samen (12 v). Ga verder met groen. Toer 25: 2 v in elke 2e v (18 v). Vul het gele gedeelte op. Toer 26: 2 v in elke 3e v (24 v). Toer 27: 2 v in elke 4e v (30 v). Toer 28: 2 v in elke 5e v (36 v). Toer 29 en 30: v in elke v (36 v). Toer 31: haak elke 5e en 6e v samen (30 v). Toer 32: haak elke 4e en 5e v samen (24 v). Toer 33: haak elke 3e en 4e v samen (18 v). Toer 34: haak elke 2e en 3e v samen (12 v). Ga verder met aqua blauw. Toer 35: 2 v in elke 2e v (18 v). Vul het groene gedeelte op. Toer 36: 2 v in elke 3e v (24 v). Toer 37: 2 v in elke 4e v (30 v). Toer 38: 2 v in elke 5e v (36 v). Toer 39: 2 v in elke 6e v (42 v). Toer 40: v in elke v (42 v). Toer 41: 19 v, 4 l, sla 4 v over en haak verder in de 5e v. Haak nog 19 v (42 steken). Toer 42: 19 v, v op elke l van toer 41 (4x), 19 v (42 v). Toer 43: haak elke 6e en 7e v samen (36 v). Toer 44: haak elke 5e en 6e v samen (30 v). Toer 45: haak elke 4e en 5e v samen (24 v). Toer 46: haak elke 3e en 4e v samen (18 v). Toer 47: haak elke 2e en 3e v samen (12 v). Vul het aqua blauwe gedeelte op. Toer 48: haak elke 1e en 2e v samen (6 v). Hecht af.

Hoofd

Ga verder met huidskleur. Haak 4 v in de ketting van 4 l van toer 41 van het lijf. Haak door in de 4 v aan de andere kant van de lossenketting.

Je hebt nu een ronde gehaakt op het 'gat' in de aqua blauwe ring (8 v). Toer 1: 2 v in elke 2e v (12 v). Toer 2: 2 v in elke 2e v (18 v). Toer 3: 2 v in elke 3e v (24 v). Toer 4: 2 v in elke 4e v (30 v). Toer 5: 2 v in elke 5e v (36 v). Toer 6: 2 v in elke 6e v (42 v). Vul het nekje op. Toer 7 en 8: v in elke v (42 v). Toer 9: haak elke 6e en 7e v samen (36 v). Toer 10: v in elke v (36 v). Toer 11: haak elke 5e en 6e v samen (30 v). Toer 12: v in elke v (30 v). Toer 13: haak elke 4e en 5e v samen (24 v). Toer 14: haak elke 3e en 4e v samen (18 v). Toer 15: haak elke 2e en 3e v samen (12 v). Vul het hoofd op. Toer 16: haak elke 1e en 2e v samen (6 v). Hecht af.

Neus (haaknaald 2)

Haak de neus met haaknaald 2. Haak met huidskleur een ketting van 2 l. Toer 1: 5 v in 1e l (5 v). Toer 2: 2 v in elke v (10 v). Toer 3: v in elke v (10 v). Toer 4: haak elke 1e en 2e v samen (5 v). Hecht af en stop de draad in.

Kapje

Haak met paars een ketting van 2 l. Toer 1: 6 v in 1e l (6 v). Toer 2: 2 v in elke v (12 v). Toer 3: 2 v in elke 2e v (18 v). Toer 4: 2 v in elke 3e v (24 v). Toer 5: 2 v in elke 4e v (30 v). Toer 6: 2 v in elke 5e v (36 v). Toer 7: 2 v in elke 4e v (45 v). Toer 8 en 9: v in elke v (45 v). Toer 10: haak elke 7e en 8e v samen, eindig met 5 v (40 v). Toer 11: v in elke v (40 v). Toer 12: haak elke 6e en 7e v samen, eindig met 5 v (35 v). Toer 13 en 14: v in elke v (35 v). Hecht af. Naai eerst de voelsprieten op het kapje. Doe vervolgens het kapje over het hoofd van de rups en naai het kapje vast.

Voelsprieten (2x)

Haak met huidskleur een ketting van 8 l (haak niet te strak). Haak v terug over de lossenketting. Begin in de 2e l vanaf de haaknaald (7 v). Ga verder met rood. Toer 1: 5 v in de laatste l van de ketting (5 v). Toer 2: 2 v in elke v (10 v). Toer 3: v in elke v (10 v). Toer 4: haak elke 1e en 2e v samen (5 v). Hecht af en naai de voelsprieten op het kapje met 2 steken tussenruimte.

Armpjes (2x)

Haak met aqua blauw een ketting van 13 l (haak niet te strak). Haak v terug over de lossenketting. Begin in de 2e l vanaf de haaknaald (12 v). Ga verder met huidskleur. Toer 1: 5 v in laatste l van de ketting (5 v). Toer 2: 2 v in elke v (10 v). Toer 3 en 4: v in elke v (10 v). Toer 5: haak elke 1e en 2e v samen (5 v). Hecht af (de handjes worden niet gevuld).

Bloemetjes voor de armen (2x)
Haak met paars een ketting van 9 l. Sluit de ketting met een hv tot een ring. Haak vervolgens 3 l en daarna 1 hv in de volgende v. Je hebt nu 1 bloemblaadje gemaakt. Haak weer 3 l en een hv in de volgende v. Herhaal dit tot je 7 bloemblaadjes hebt. Hecht af en stop de draadjes in. Schuif de bloem over de arm tot aan het handje. Naai daarna de armpjes aan het lijfje.

Benen (totaal 8x)
De lengte van de benen is steeds anders, de voetjes zijn bij alle benen gelijk. Haak 2 benen met een lengte van 11 l. Haak met huidskleur een ketting van 11 l (haak niet te strak). Haak v terug over de lossenketting. Begin in de 2e l vanaf de haaknaald (10 v). Haak hierna de voetjes zoals hieronder beschreven. Naai deze benen vast aan de aqua blauwe ring.

Haak 2 benen met een lengte van 10 l. Haak met huidskleur een ketting van 10 l (haak niet te strak). Haak v terug over de lossenketting. Begin in de 2e l vanaf de haaknaald (9 v). Haak hierna de voetjes zoals hieronder beschreven. Naai deze benen vast aan de groene ring.

Haak 2 benen met een lengte van 9 l. Haak met huidskleur een ketting van 9 l (haak niet te strak). Haak v terug over de lossenketting. Begin in de 2e l vanaf de haaknaald (8 v). Haak hierna de voetjes zoals hieronder beschreven. Naai deze benen vast aan de gele ring.

Haak 2 benen met een lengte van 8 l. Haak met huidskleur een ketting van 8 l (haak niet te strak). Haak v terug over de lossenketting. Begin in de 2e l vanaf de haaknaald (7 v). Haak hierna de voetjes zoals hieronder beschreven. Naai deze benen vast aan de oranje ring.

Voetjes (8x)

Haak met huidskleur. Toer 1: 5 v in laatste l van de ketting (5 v). Toer 2: 2 v in elke v (10 v). Ga verder met donkerbruin. Toer 3: 2 v in elke 2e v (15 v). Toer 4 en 5: v in elke v (15 v). Toer 6: haak elke 2e en 3e v samen (10 v). Vul het voetje licht op. Toer 7: haak elke 1e en 2e v samen (5 v). Hecht af.

Das

Haak met donkerbruin een ketting van 75 l (haak niet te strak). Haak v terug over de lossenketting. Begin in de 2e l vanaf de haaknaald (74 v). Hecht af. Knip van elke kleur 2 draadjes van ongeveer 5 cm. Steek de haaknaald door één steek aan het uiteinde van de das. Pak dan 2 draadjes van dezelfde kleur (bijvoorbeeld paars), vouw deze dubbel en haal met de haaknaald de lus door de das. Haal daarna de uiteinden van de draadjes door de lus en trek aan. Haal de volgende 2 draadjes (blauw) naast de vorige (paarse) door het uiteinde van de das. Doe daarna de laatste 2 draadjes (groen). Herhaal dit aan het andere uiteinde met de andere 3 kleuren.

Ogen

Borduur met zwart de ogen (over 2 steken hoogte) op het gezicht (ongeveer 1,5 toer onder het kapje), met 5 steken tussenruimte. Borduur daarna met gebroken wit een stip in elk oog. Zet vervolgens de neus in het midden onder de ogen vast.